KARINA LÜBKE

bitte recht feindlich

GUT GEZIELTE AN- UND AUFREGUNGEN

LAPPAN

KARINA LÜBKE studierte erst an der Folkwangschule Design und absolvierte dann bei Wolf Schneider die Hamburger Journalistenschule.

Anschließend wurde sie Redakteurin und Kolumnistin („Das wahre Leben") bei dem legendären Zeitgeistmagazin TEMPO und schreibt seitdem freiberuflich u. a. für das *SZ-Magazin*, DIE ZEIT, DIE WOCHE, *den Stern, emotion*, SALON, *Myself, Brigitte* MOM und WOMAN.

Lübke verfasste auch diverse düstere Kurzgeschichten in Thriller-Anthologien und wurde dafür mit dem „Marlowe" ausgezeichnet. Ihr erster Roman „Bei aller Liebe" wurde 2007 veröffentlicht.

Ihre monatliche Kolumne „Bitte recht feindlich" in der Zeitschrift BARBARA hat seit Jahren eine große Fangemeinde und ist beim Lappan Verlag in Buchform erschienen.

Zwischendurch heiratete Karina Lübke, zog eine Tochter und einen Sohn groß und ließ sich scheiden. Sie lebt in Hamburg und findet, dass sie oft bessere Geschichten schreibt als das Leben.

1. Auflage 2021

– Originalausgabe –

© 2021 Copyright Lappan Verlag in der Carlsen Verlag GmbH, Hamburg/Oldenburg

ISBN 978-3-8303-3588-7

Text: Karina Lübke
Lektorat: Theresa Behle

Grafiken: © IDYdesign by shutterstock.com (Inhalt)
und © Clash_Gene by shutterstock.com (Titel)

Herstellung: Monika Swirski
Druck und Bindung: GGP Media GmbH
Printed in Germany

FOLGT UNS! facebook.com/lappanverlag
Instagram.com/lappanverlag
twitter.com/LappanVerlag
www.lappan.de

Inhaltsverzeichnis

Vorwort

Liebe Leserinnen und Leser!

Wer kennt noch Poesiealben? Als ich sieben Jahre alt und gerade in der zweiten Klasse war, schrieb meine Mutter mir Folgendes in das meine und damit quasi hinter die Ohren:

„Wer lächelt statt zu toben ist immer der Stärkere."

(Laotse)

„Möge dir, liebe Karina, diese Weisheit immer rechtzeitig im Leben einfallen."

Ich sag mal so: Ein schlichtes „In allen vier Ecken soll Liebe drinstecken" hätte mir als Lebensweisheit völlig ausgereicht. Denn mit „toben" meinte sie natürlich nicht auf dem Spielplatz herumzutoben, wie ich zuerst verwirrt gedacht hatte, sondern Tobsuchtsanfälle zu bekommen. Nach diesem Eintrag vermied ich, das Büchlein weiter herumgehen zu lassen. Ich schämte mich dafür, nicht so zen wie ein chinesischer Weiser zu sein, der vor etwa 2400 Jahren in einer extrem untervölkerten und auch sonst reizarmen Welt gelebt haben musste. Ein Ideal, das ich nie erreichen konnte – und das noch nicht mal mein eigenes war.

Natürlich scheiterte ich immer weiter daran, ein nettes Mädchen zu sein, das seinen auflodernden Zorn über die Gemeinheiten der Welt sofort unter einem Löschschaumteppich aus falschem Lächeln erstickt. Was sollte nur aus mir werden? Nun, was immerhin NICHT aus mir wurde, war eine raffinierte Frau, die ihre Bedürfnisse und Meinungen nicht klar kommuniziert, sondern lieber lächelnd intrigiert.

Ein Mann versuchte es mal mit folgendem vergifteten Kompliment: „Ich weiß gar nicht, warum du dich immer so aufregst, du siehst doch gut aus und könntest mit deinem Leben zufrieden sein?" Als ich mich dabei aufregte, ihm zu erklären, warum diese Aussage in jeder Hinsicht ein Grund mehr war wütend zu werden, legte er nach: „Außerdem steht dir diese Wut gar nicht, die macht hässlich."

Zum Glück war er nicht Laotse und ich mittlerweile schon eine ganze Weile erwachsen. Mit so was kann mich keiner mehr kriegen. Ich finde, Wut steht mir gut. Vor allem aber steht sie mir zu, wie jedem Menschen: Wurde je einem Jungen geraten, sich eines der elf menschlichen Grundgefühle abzugewöhnen, zu denen bereits Aristoteles den Zorn zählte? Auch der Hulk ist nicht schön, wenn er ausrastet und grün, grunzend und tobend aus seinen Klamotten herausplatzt; aber seine Superkräfte, die ihm aus der Wut gegen die Bösen zuwachsen, sind gigantisch und retten allen immer hübsch Netten den Arsch.

Dazu fällt mir folgende Geschichte ein. Als ich Anfang zwanzig war, fuhr ich mit meinem damaligen, fast zwei Meter großen Freund spätsonntagabends Zug. Wir saßen lesend in einem Abteil und in allen Gängen verkeilten sich reichlich besoffene, frustriert-aggressive Bundeswehrsoldaten auf dem Weg von einem netten Wochenende zurück in die Kasernen. Es war eine lange, langweilige Fahrt und das Handy war noch nicht erfunden. Irgendwann brauchten sie wohl mehr Unterhaltung und begannen deshalb, permanent unsere Abteiltür aufzureißen und unter Beifall und Gelächter ihrer Kameraden obszöne Sprüche hineinzujohlen. „Willst du nicht mal was dagegen tun?", fragte ich meinen

Freund empört, der einfach dasaß, Zeitung las und so tat, als ginge ihn das gar nichts an. Es war doch klar, dass diese Strategie nicht funktionieren würde! Die Gruppendynamik schaukelte sich hoch, die Situation eskalierte zunehmend, und wir hatten keine Möglichkeit, Hilfe zu rufen oder zu holen. Mittlerweile wurden zu den Obszönitäten auch brennende Zigarettenkippen in unser Abteil geschnipst. Ich bekam Angst.

„Jetzt sag was!", forderte ich den Mann an meiner Seite auf, „rede mit denen!" Er guckte nur furchtsam und sagte: „Was soll ich denn sagen? Das bringt doch bei solchen Leuten nichts."

Und da war er wieder, der Hulk-Moment. Meine Angst schlug in rasende Wut um: Auf den nutzlosen Riesenkerl neben mir. Auf die Arschlöcher draußen auf dem Gang, die uns schadenfroh durch das schmierige Glas anglotzten. Ich sprang vom Sitz hoch, riss die Abteiltür auf und schrie die Typen volle Kanne an: „Ich schwöre, der Nächste, der diese verdammte Scheißschiebetür auch nur ANFASST, dem HAUE ICH DERART AUF DIE FRESSE!" Stille. Sie starrten fassungslos zurück. Dann knallte ich die Tür zwischen uns wieder zu, zog sämtliche schmuddelbeigen Gardinen davor und machte mich kampfbereit. Eine kleine Stimme in mir jammerte „Bist du total verrückt?! Das könnte gleich wehtun!". Aber Hulkina knurrte sie entschlossen nieder: „Mag sein, aber dabei werde ich ihnen auch so sehr wehtun wie ich nur irgendwie kann."

Was soll ich sagen: Es funktionierte. Wohl auch, weil sie meine Entschlossenheit bemerkt hatten und ich dabei nicht entschuldigend gelächelt hatte, sodass es als Flirtversuch hätte aufgefasst werden können. Die Scheiß-Schiebetür blieb bis Hamburg zu und von draußen hörte man nur noch vereinzeltes, peinlich berührtes „Höho, hast du die Alte gesehen?" und gedämpftes „Die ist ja total durchgeknallt. Der arme Typ".

Aus männlicher Solidarität hatten sie jetzt plötzlich sogar Mitleid mit dem nutzlosen Mann an meiner Seite, der es mit so einer Furie aushalten musste.

Es ist schon lustig. Obwohl Frauen tausend Gründe mehr haben, wütend zu werden als Männer, haben sie offenbar keine Lizenz dazu. Hey, jede Woche werden statistisch zwei Frauen von ihren (Ex)Partnern umgebracht, dann wären da noch alltäglich der Pay-Gap, der Orgasm-Gap, Sexismus, Diskriminierung und systematische Verarmung durch Mutterschaft und Ehegattensplitting, um nur die gravierendsten zu nennen. Lass doch mal gut sein? Was für ein Unsinn – man kann logischerweise nur Sachen gut sein lassen, wenn sie es denn sind. Nein, Wut ist keine peinliche, unweibliche Unart, nicht die Unfähigkeit zur Selbstbeherrschung, sondern ein mächtiger Indikator dafür, dass irgendetwas gewaltig schiefläuft. Männer hassen diesen Trick! Wer Frauen aus Eigennutz pseudo-besorgt rät, einfach nicht mehr wütend zu werden, weil sie sich damit nur selbst schaden würden, könnte auch vorschlagen, rot leuchtende Sicherheitslampen im Atomkraftwerk ′rauszudrehen, um das Problem zu lösen – oder es wenigstens nicht mehr sehen zu müssen. Wenn dem Mann dann alles um die Ohren fliegt, ist der fassungslos, weil er die Kernschmelze gar nicht hat kommen sehen. Es war doch alles in Ordnung! Mein innerer Grenzschutz hat meinen persönlichen Sicherheitsbereich mit Zorn vermint. Wer die vielen freundlichen Warnschilder kilometerweit davor – „Bitte Halt" … „STOP! Hier nicht weiter!" und schließlich „BIST DU LEBENSMÜDE? AB HIER KEINEN SCHRITT MEHR!" – ignoriert, ist selber schuld. Dabei bin ich eigentlich supernett, die Welt lässt mich nur so selten.

Neulich war es mal wieder so weit. Ein berufliches Projekt, das so gut wie abgeschlossen war, wurde kurz vor der Umsetzung noch einmal ohne jede Not umgeworfen und das Ergebnis war schrecklich. Nun wurde es mir stolz als die bessere Alternative präsentiert. Nach der ersten Schockstarre rasten in meinem Hirn typisch weibliche Gedanken: Wie konnte ich meine Ablehnung deutlich formulieren, aber ohne dabei herrisch zu wirken, oder zickig oder rechthaberisch oder schwach oder bedürftig, beleidigt oder hysterisch, hormonell herausgefordert oder aggressiv, eiskalt, nicht teamfähig, arrogant, genervt, irrational, oder nervig oder sexuell unbefriedigt oder zu emotional oder zu hart oder zu selbstgerecht oder – um Gottes Willen! – gar wütend zu wirken? Dann dachte Hulkina nicht länger nach, sondern rief in die Zoomkonferenz: „Spinnt ihr jetzt total? Nur über meine Leiche! NO! FUCKING! WAY!" Das reichte. Bis zum nächsten Mal. Denn gute Gründe, mich mehr oder weniger aufzuregen, gibt es immer wieder, ganz im Gegensatz zu Wundern.

In diesem Buch sind jetzt erstmals die allerschönsten dieser Gründe versammelt, komplett überarbeitet und mit einigen neuen Aufregern ergänzt.

Meine Tochter ist übrigens fast so alt wie ich damals in dem Zugabteil. Als Kleinkind in ihrer Selbstbestimmungsphase hatte sie spektakuläre Wutanfälle. „Gefühlsstark" heißt das in der Pädagogik heutzutage. Mittlerweile ist sie 22 Jahre alt, unfassbar sozial, klug und höflich. Sie glaubt noch, dass Frauen und Männer gleiche Berufschancen haben, man sich nur genug anstrengen muss, um Erfolg zu haben und dass man jedes Problem mit jedem in Ruhe ausdiskutieren könnte. Also, von mir hat sie das nicht. Es macht mir manchmal Angst, wie enttäuschend sich das Leben ihr gegenüber verhalten wird. Und ich möchte ihr ins geistige Poesiealbum schreiben:

Bitte, Liebling, bleib wütend. Für dich. Denn wer tobt, statt zu lächeln, ist, wenn's darauf ankommt, doch die Stärkere.

Nimm dies, Laotse.

Bitte lächeln

Mein Gesicht ist aufsehenerregend, ich werde seit jeher darauf angesprochen. Aber das ist kein Grund zur Freude. Meistens sind die Kommentare nämlich: „Warum guckst du eigentlich immer so genervt?" Wenn ich konzentriert zuhöre: „Sie glauben mir nicht, was? Sie schauen so skeptisch!" Oder, am schrecklichsten: „Oy, Mädchen, lach doch mal!" Mitten auf der Straße verlangt. Von Fremden. Stehe ich in der Öffentlichkeit auf dem Lächelstrich, oder was? Dazu diese Schwemme herzchenwärmender Sinnbildsprüche im Internet wie: „Lächele, und die Welt lächelt zurück." Ich kenne ja eher „Lächele, und die Welt sagt, du sollst ihr einen Kaffee holen". Ich sehe permanent derart unterwältigt aus, dass ich keine Miene verziehe. Vom präventiven Lächeln, vom sexy Gesicht-Twerking meiner Mimikmuskeln verstehe ich leider nichts. Aber jetzt die gute Nachricht: Plötzlich ist mein schwer erregbarer Ausdruck, der wie ein Bildschirmschoner auf der Oberfläche liegt, als „RBF", Resting Bitch Face total im Trend. Ich habe eins – genau wie Victoria Beckham und Kristen Stewart. Erfunden wurde der Begriff als Parodievideo auf YouTube, aber nun ist er ironischerweise ernsthaft im Sprachgebrauch. Es gibt auch eine männliche Version, das Resting Asshole Face (RAF), wodurch allerdings kaum jemand ein Problem bekommt. Düster blickende Helden schreien geradezu danach, von einer fröhlichen Frau aufgemuntert zu werden; während düster guckende Frauen offensichtlich danach schreien, dafür kritisiert zu werden. Ist ja auch undankbar – da dürfen wir schon studieren, wählen, Männern die Jobs streitig machen, eheliche Pflichten vernachlässigen und sind immer noch nicht happy. Wo bleibt da das dankbare Lächeln?

Wer lächelt, der meckert nicht, schreit nicht, kritisiert nicht. Frauen sind das gesellschaftliche Sozialamt, ihr Lächeln wird inflationär eingesetzt wie Geranienkübel. Hübsch freundliche Gesichter signalisieren nonverbal Verfügbarkeit und Hilfsbereitschaft: Sprechen Sie mich jederzeit gern an! Kann ich Ihnen helfen? Einen schönen Tag noch! Das ist die aktuelle Selbstverkäufermentalität. Und der Druck ist groß: Schönheitschirurgen bekommen ernsthafte Anfragen von Frauen, wie ihr dauerfrostiger Gesichtsausdruck aufzutauen wäre. Also ich würde da die Kombination aus feministischer Literatur und Bar empfehlen. Außerdem hat gerade mein RBF mit zunehmendem Alter den schönen Nebeneffekt, dass ich relativ wenige Falten habe – ganz ohne Botox, weil ich weder Frohsinn noch Orgasmen fake. Meine Emotionen gehören mir, und wer sie zu sehen bekommt, weiß, dass alles echt ist.

Die öffentliche Darstellung brillanter Laune nimmt immer mehr zu. Durch glückstrahlende Partyfotos auf Facebook und Instagram fühlen sich immer mehr als Verlierer: Alle anderen haben sorglos Spaß, nur ich nicht. Aber echte Menschen sind keine Profilbilder und Gespräche keine Chatverläufe mit Grinse-Smileys. Mein ausdrucksloses Gesicht ist einfach mal offline wie mein Geist. Und dessen Kommentarfunktion ist auch geschlossen.

Flagge zeigen

Extremisten waren früher auch extremer. Elitärer. Cooler. Vor allem aber: seltener. Heute ist Extremismus Mainstream und jeder propagiert seine Weltanschauung und seinen Lebensstil. „Wähle deine Fronten" gibt es nicht nur bei *Ikea* in der Küchenabteilung: Will einer nicht deiner Meinung sein, dann schlag ihm gleich den Schädel ein und sei es nur im Internet, wo man sich mit Schlagwörtern prügelt. Dabei ist extremere Stellungnahme gefordert als im Kamasutra, es bleibt kaum Zeit zum Nachdenken oder für eine differenzierte Meinungsbildung. Auch in der Flüchtlingsfrage kann man nur zwischen zwei Extremen wählen: „Fremdenhasser" oder „Bahnhofsklatscher". Es gibt in dieser Katastrophe keine gemäßigten politischen Klimazonen mehr.

Neben X-treme-Mascara oder -Deo sind X-treme-Meinungen das einzige Must-have. Es wird gehatet und geshamed. R.I.P., Toleranz. Selbst auf eine Basisvariante von Intelligenz kann man nicht mehr bauen: Es gibt zunehmend hochbegabt (laut Studien steigt der IQ weiter) oder total verblödet. Immer mehr Leute sterben bei Extremsportarten wie Basejumping – oder an Verfettung. Keiner isst mehr was, alle haben eine Ernährungsideologie, die auch wieder extrem ist: Zwischen Vegan und Paleo passt keine Chipstüte. Mehr Beispiele? Detox oder Drogen (von Zucker bis Crystal Meth). Porno oder asexuell. Karriereweib oder Vollzeitmutter. Voll vernetzter Cybernerd oder vollbärtiger Neo-Wandervogel. Gottesfanatiker oder totale Atheisten. Für Letztere gibt es jetzt sogar ein eigenes Datingportal; damit diese ewigen Debatten aufhören, ob man sonntags um 10 Uhr in der Kirche oder im Bett dösen sollte. Man hat irre viel oder viel zu wenig Geld. Ist ganzkörperlich getunt und gewaxt oder veröffentlicht Menstruation und wuchernde Achselhaare als feministisches Statement. Die Gesellschaft spaltet sich nicht, sie scheint sich im Zeitraffer zu atomisieren.

Eine Ära der Unvereinbarkeit ist angebrochen. Vielleicht, weil alle verdammt erschöpft sind vom Vereinen unvereinbarer Dinge – Männer und Frauen, Familie und Karriere, Geld und Moral, Freiheit und Verantwortung, geiles Auto und Natur, Menschheit und Zukunft. Weil man sich das Hirn wunddifferenziert und den Mund fusselig argumentiert hat. Ein bisschen Seelenfrieden ist nicht. Alles muss eine Botschaft haben, ein Signal setzen, Gesicht zeigen. Man darf auch nicht nur einen Körper haben, der bestenfalls gesund lebt und einen selbst bewegt, sondern muss damit cyberweltbewegende Statements abgeben. Einfach privat dick oder faltig oder narbig, kleinbusig, sommersprossig oder depressiv zu sein ist nicht; man hat seine Einzigartigkeit zu feiern und ein plakatives Vorbild abzugeben.

Nein danke, ich will nicht für Mara- oder Triathlon trainieren, lieber eine ausdauernde Spaziergängerin sein. Mit dem Recht auf Einerseits-Andererseits, das auch mal so stehen bleiben kann. Auf einem Foto im Internet hält inmitten von Demonstranten und Polizisten ein Mann ein Schild hoch: „Mir ist alles egal. Ich will nur Brötchen holen." – Ich kann den Typen verstehen.

Liebe Karriere

Gerade erobern Freundinnen von mir in vielen Branchen neue Aufgaben und mehr Verantwortung. Wir jubeln darüber, bis ich frage, wie viel sie dafür bezahlt bekämen. Dann fallen sie in sich zusammen, murmeln, dass es „erst einmal" nichts geben würde, die finanzielle Lage sei ja insgesamt schwierig, aber das Projekt ein Herzensanliegen und die Leute seien toll. Wie bitte? Welcher Mann würde so ein Angebot an- oder auch nur ernst nehmen?

Doch der Arbeitsmarkt scheint weniger denn je ein fairer Wettbewerb, bei dem man sich durch gute Fähigkeiten qualifiziert, sondern eine Party von Privilegierten, auf die Frauen nach undurchsichtigen Kriterien vielleicht eingeladen werden, wenn sie neben super Optik und Qualifikation auch noch Nudelsalat und gute Laune mitbringen. Karrierewillige müssen den Kunden weiterhin nicht nur überzeugen, sondern zudem bezaubern.

Durch das Internet wurden Frei- und Arbeitszeit, Hobby und Beruf, Selbstverwirklichung und Gelderwerb grenzenlos verschmolzen. Das hat aus Kollegen professionelle Freundinnen gemacht, die einander „Schnucki" rufen und Emojis an ihre „Hab ich schon miterledigt ;)"-Mails hängen. Schnuckis sind die Einlösung des „Wir schaffen das!"-Versprechens ihrer Vorgesetzten; Stimmungs-kanonen im Wirtschaftskrieg: Ein Berufs-Schnucki muss unterhaltsamer sein als eine Stegreif-Komikerin, härter einstecken als eine Profiboxerin und helenefischeriger sein als Helene Fischer. Die Welt geht unter, aber wenn das Schnucki als Trümmerfrau der Globalisierung hereinkommt, geht die Sonne auf. „Happy crew on a sinking boat" nennen das Unternehmensberater. Schnuckis sind dabei die verantwortlichen Animateurinnen, die für Stimmung sorgen. Gute Stimmung, versteht sich. Ein harter Job neben ihren anderen Tätigkeiten. Denn das „emotionale Management" aller Beziehungen im Privatleben wie am Arbeitsplatz haben Soziologen als weitere Form unerkannter und unbezahlter Arbeit enttarnt, die unrecht und billig als Freundschafts- oder Liebesdienst deklariert wird. Kinder erziehen, Männern den Silberrücken freihalten, Freundschaften und alte Eltern pflegen: Solche „Care"-Arbeit wird nach allgemeinem Verständnis von Frauen gern gratis erledigt („Die können das besser!"), was ihre Rentenansprüche noch viel anspruchsloser ausfallen lässt. Frauen mit Familie machen kein soziales Jahr, sondern ein soziales Jahrzehnt – oder zwei bis sieben Jahrzehnte. Sie werden bereits in der Schule dafür ausgebildet, wo zur sozialen Beruhigung zwischen zwei Rabauken ein Mädchen gesetzt wird. Um eine alte Weisheit abzuwandeln: „Wer mit 20 kein Schnucki ist, hat kein Herz – wer mit 50 noch ein Schnucki ist, keinen Verstand." Oder keine andere Möglichkeit: Come in and burn out. Männer mit Burn-out haben sich für die Firma aufgerieben, Frauen mit Burn-out waren dagegen zu schwach für ihre Ambitionen. Und kriegen durchschnittlich 22 Prozent weniger Lohn als ein Kollege im gleichen Job. Das arme Schnucki von heute ist das Putzi von morgen.

Doktorspiele

Bin ein wildes Ding: Ich laufe, atme und liebe völlig außer Kontrolle. Wenn jemand fragt, wie es mir geht oder wie ich geschlafen habe, antworte ich spontan, ohne erst auf meinem Handy nachzuschauen. Gerade im Frühling bin ich damit ein Exot. Fast alle Freunde nutzen mittlerweile zur Optimierung ihrer Körperfunktionen Gesundheitstracker, digitale Fitness-Armbänder oder vertrauen ihr Leben Apps wie „Health" an. An app a day keeps the doctor away? Das gefühlte Wohlfühlen zählt nicht mehr; jeder errichtet seinen eigenen Überwachungsstaat.

Gerade sogenannte Cyberchonder, von denen sich in Deutschland bereits knapp eine Million ihre eingebildeten Krankheiten im Internet holen, dokumentieren Zustände vorliebend in digitalen Logbüchern. Da werden Playlists aus Atemfrequenz, Sauerstoffsättigung und Herzschlag erstellt und Ernährung, Ausscheidung, Schlafphasen und Gewichtsverläufe diagrammt und geshared. Leider auch bei den gemeinsamen Abendessen.

Was soll das, eine Art Körperquartett, wer die meisten PS hat, die stärksten Gefühle und die längste Ausdauer? Das größte Lungenvolumen, den meisten Kaloriensprit verbrennt? Männer lieben diese Vergleiche, deshalb gibt es Sexapps wie „Spreadsheets", die Leistung durch Dauer, Bewegung und erzeugte Geräuschintensität ermessen und dazu motivieren sollen, sich zum Sexgott hochzuschlafen. Wenig sinnlich, aber sinnvoll scheint da eher die von Frauen entwickelte App „Clue", die den weiblichen

Zyklus samt Fruchtbarkeit planbar macht, sogar ohne rosa Blümchenlayout.

Digitale Selbsterkenntnis soll der erste Weg zur guten Besserung sein. Während überall daran gearbeitet wird, Roboter weiter zu vermenschlichen. Indem man ihnen Reden, Fühlen und Bewusstsein programmiert, versuchen Menschen, sich selbst immer berechenbarer zu machen. Doch solange mir nicht meine restliche Lebenslaufzeit angezeigt oder das Psychopathen-Shazam erfunden wird, habe ich kein Interesse. Einfach mal rennen, bis man außer Atem ist, statt die Herzfrequenz kontrolliert an die Höchstleistungsgrenze zu steigern. Unter digitalem Kontrollzwang ist der Körper kein gleichberechtigtes WG-Mitglied mehr, sondern der Kopf sein misstrauischer Vermieter, der Alarm schlägt, sobald die roten Blutkörperchen den Sauerstoff schlampig in Zellen geräumt haben.

Wer nur noch nach Navi fährt, dem verkümmern das Orientierungsvermögen und der Spaß. Ich trainiere lieber Instinkt, Intuition und Ignoranz, als meine Körperfunktionen elektronisch zu hinterfragen, zumal mir wie fast allen die Expertise fehlt, die Daten dieser Doktorspiele auszuwerten. Je feiner man misst, desto häufiger wird man fündig. Irgendwas geht immer: der Atem zu schnell, das Herz zu unruhig – nur Schlafen geht gar nicht. Doch während die Welt immer mehr durchzudrehen scheint, gibt es gefühlte Sicherheit, wenn wenigstens auf dem Bildschirm alles unter Kontrolle ist. Außer man läuft vor ein Auto, weil man, aufs Smartphone starrend, seine Lebenserwartung optimiert.

Frontansicht

Früher war alles stilvoller, sogar die Perversen. Da konnte man von Exhibitionisten wenigstens Schuhe und einen schicken Trenchcoat erwarten! Beim Online-Dating läuft die Selbstpräsentation oft so: 1) Porträtbild. 2) Ganzkörperbild mit Hund, Motorrad, Weinglas. 3) Penis. Daraufhin gerät die Unterhaltung natürlich ins Stocken und man selbst in die Versuchung zu blocken. Beziehungstechnisch kann der Typ einpacken.

Liegt es an Internetpornografie, die Männer – laut Studien – heute selbstverständlich auf ihren Handys bei sich tragen und damit Porn to go konsumieren, sodass ihnen der nächste Schritt, sich selbst zu produzieren, winzig erscheint? Der Erhalt unerwünschter Penisbilder wird zu einer eigenen Form von Stand-up-Comedy, weshalb sich auch Kabarettistin Carolin Kebekus in ihrem Klagelied „Dick Pic" damit beschäftigt. Diese Erfahrung ist nicht auf schmuddelige Erotikseiten beschränkt, auch Elite-Partner verschicken nach unverfänglichem Kurzdialog („Willst du noch mehr Bilder sehen? Komm mal auf What'sApp") Fotos ihres gefühlten Elite-Penis. Stop, in the name of love!

Klar wünsche ich mir, dass Männer Größe zeigen. Aber zuerst bitte geistig, da bin ich spießig. Offenherzig gern, offenhosig nur auf explizite Nachfrage, denn Schönheit liegt im Auge des Betrachters – sexuelle Belästigung auch. Männer haben offenbar einen starken Hang zum spontanen Nackigmachen, nur seelisch nicht. An ihre Oberkörper oder Unterleiber hingegen lassen sie gern Licht, Luft und schockierte Blicke. Denn nach Logik krawalliger Kinder ist negative Aufmerksamkeit besser als nix und bei Frauen verursachte Ekelgefühle besser als gar keine. Es ist diese Macht, die ihn anmacht: Per Handy kann der Mann jederzeit und von überall mit Nachrichten oder Bildern in die Intimsphäre einer Frau eindringen, sei sie ihm noch so haushoch überlegen. Zusammen mit Einsamkeit, warmer Jahreszeit und Alkohol kommt es da zu Schnellschüssen.

Darf der das? Nein. Lange galt das ungefragte Versenden derartiger Intimselfies höchstens dann als strafbar, wenn die Empfängerin minderjährig war. Das hat sich zum Glück geändert. Mittlerweile wird das Ganze auch juristisch als Straftat betrachtet und mit bis zu einem Jahr Freiheitsstrafe geahndet. Warum nur tun Kerle sich und uns das an? Psychologen meinen: weil sie Gleichberechtigung eben so verstehen, dass ihnen die Frau daraufhin eigene Nacktansichten zurückschicken müsste.

Man kann aus der Vorzeigemanie aber auch Kunst machen, wie die New Yorkerin Soraya Doolbaz, die in ihrer Dicture Gallery Fotos von zu Berühmtheiten gestylten Penissen ausstellt. Für schlaflose Nächte bleibt einem das Buch „Penis-Mandalas", das „das beste Stück des Mannes ins Zentrum der Kreativität stellt". Und dann gibt es durchaus auch reizende Dick-Pic-Seiten, etwa thingsmydickdoes.tumblr.com, wo ein Kalifornier seinen Penis als Hauptdarsteller in täglich neuen Abenteuern inszeniert, so kreativ und lustig, dass man ihn richtig liebgewinnt. Und ihn.

Tiefergelegt

Bisher hatte ich keine Absatzprobleme, nun einen ganzen Schrank davon: Stiefel, Stiefeletten, Sandaletten, Pumps. Denn leider scheinen meine geliebten High Heels mittlerweile oftmals so sexy und politisch korrekt wie Gluten, Laktose und Qualfleisch zugleich. Sicher wird bald verlangt, Aufkleber auf allem über acht Zentimetern anzubringen: „Das Tragen hoher Schuhe kann Füßen und Hüften sowie dem Selbstbewusstsein männlicher Begleiter erheblichen Schaden zufügen". Okay, Prince hatte sich beim jahrzehntelangen Tanzen auf Megaabsätzen die Hüften ruiniert. Auch Victoria Beckham, in deren Füßen High Heels implantiert schienen, trat entgegen ihrer früheren Aussage „In flachen Schuhen kann ich mich nicht konzentrieren!" bei der Fashion Week mit Sneakern auf. Es ging wohl nicht mehr. Zum besseren Verständnis machte das britische Magazin „The Stylist" ein lustiges Video, wie die Männer der Redaktion den Alltag in Pumps durchlaufen. Dabei rufen sie „Oh, fuck!", vor allem beim Treppensteigen. Als die Jungs eine Straße überqueren, wird es lebensgefährlich: „Keine Ahnung, wie Frauen darin laufen können!"

Mich birkenschockt das nicht. High Heels sind ein erhebendes Gefühl, solange man nicht gezwungen ist, welche zu tragen, und zwar täglich. Frauen beruflich dazu zu verpflichten, wie es etwa in England brutal legal ist, ist sexistisch und Folter. Das weit verbreitete Foto der blutenden Füße einer kanadischen Kellnerin, die von ihrem Chef gezwungen wird, in Absatzschuhen herumzulaufen, um den Absatz zu erhöhen, hat zu Recht Empörung ausgelöst.

Genauso inakzeptabel ist es, dass auf dem roten Teppich des Filmfestivals in Cannes die Damen am Abend in High Heels auflaufen oder draußen bleiben müssen – filmreif, wie Julia Roberts mit nackten Riesenfüßen ihren Standpunkt dazu klarmachte. Menschenfüße sind Nervenbündel, sie geben durch Bodenkontakt dem Hirn Rückmeldung, was unter und vor uns abläuft. Werden sie dauerhaft verkrüppelt, soll das nicht nur kaputte Knochen und Gelenke, sondern sogar Wahrnehmungsstörungen verursachen.

Kulturgeschichtlich machten hohe Absätze Sinn, weil man damit die Füße aufbockte, um sich den Unrat der Gassen fernzuhalten. In High Heels stehe ich im übertragenen Sinne auch heute über all dem Mist. Außerdem sind sie praktisch, um Sex im Stehen zu haben, beängstigende Briefe zu öffnen und auf Konferenzen oder bei Dates selbstbewusster aufzutreten. Falls Männer Probleme haben, ich könne auf Absätzen größer sein als sie, sind sie übrigens definitiv zu klein, unabhängig von ihrer Körpergröße. Trage ich hohe Schuhe, aber mein Begleiter rennt vorneweg und ruft „Können WIR ein bisschen schneller gehen", statt ein Taxi zu rufen, kann er gleich gehen. Klar habe ich auch Sneaker, Chucks und Flipflops. Aber was praktisch ist, ist meistens auch quadratisch, und halbhohe Schlappen, die jetzt als feministisches Statement verkauft werden, wirken, als würde man den Schuhkarton tragen. Danke, ich kann meinungsmäßig auf eigenen Füßen stehen – egal mit welchen Schuhen.

Reue sanft

Schluss mit Schwamm drüber: Heute ist der Jammerlappen Trendsetter. „Non, je ne regrette rien" ist lange her. Aktuell wird nicht mehr heimlich gebeichtet, sondern öffentlich bereut – neudeutsch „regrettet". Erst sammelten Mütter unter „#regrettingmotherhood", wie die Geburt ihrer Kinder der Tod des selbstbestimmten Lebens war; dann Väter („#regrettingfatherhood"), dass sie den Porsche zugunsten des Familienvans verkaufen mussten. Nun wird von Kindern zurückbedauert („#regrettingchildhood"), was für Scheißeltern sie haben. Ben Tewaag etwa bekommt noch mit vierzig Jahren uschiglasige Augen, um die gefühlt Schuldige an seinem vergeigten Leben zu outen. Caitlyn (der umoperierte Bruce) Jenner bereute bereits, eine Frau zu sein, und ist enttäuscht, wie anstrengend sogar ein Luxus-Frauenleben ist. Was ist das Nächste? #regrettinglife als Grabsteininschrift? Noch ist nicht aller Hashtage Abend!

Ja, je älter man wird, desto mehr gibt es, was man bereut, gemacht oder gelassen zu haben. Auch ich habe aus den richtigen Motiven Entscheidungen getroffen, die sich hinterher als falsch erwiesen haben. Doch es gibt nur wenige Dinge, die sich heute nicht mehr ändern lassen. Und keiner weiß, wie sehr man die Alternativen bedauert hätte! Das Internet führt uns alle Möglichkeiten vor und viele scheinen das mit einem Lifestyle-Katalog zu verwechseln, den man ständig durchblättert und dabei bitter bereut, wenn man ein vermeintlich besseres Angebot zu einem günstigeren Preis entdeckt. Es hängt an allem ein Preisschild, irgendwann sollte man damit abschließen. Ich bin auch gekränkt, dass ich sterblich bin, und bereue, Zeit mit falschen Menschen oder Projekten vergeudet zu haben. Bringt das was? Nein, auch ab 100 gesammelten Reuepunkten gibt es kein neues Leben! Aber neue Chancen, etwas zu erleben, die gibt es jeden Tag und mit dem Gesicht zur Anklagemauer zu leben, verbaut neue Perspektiven. Die früher übliche stoische „Ja mei, 's íst halt, wie's íst!"-Haltung hat ausgedient. Heute sind die Dinge nicht einfach so, wie sie sind, sondern wie man sie sich schön macht. Das Dasein als kreatives Projekt und wer es verkackt, der kommt mit seinem Lebenswerk nicht mal in die VHS-Ausstellung, sondern hat persönlich versagt. „Du bist echt bedauernswert" oder „Armes Opfa!" will aber auch keiner hören, deshalb werden Fehlentscheidungen generalisiert. Neu ist „Regretting Motherhood" übrigens auch nicht, sondern das altbekannte „Ihr bringt mich noch ins Grab!"-Gejammer. Ich kenne genug Frauen, deren Mütter ihnen Karriere abverlangt haben, als seelische Reparationszahlung dafür, was aus ihnen alles hätte werden können, wenn sie kein Kind gekriegt hätten. Enkel wollen sie später aber natürlich trotzdem.

Es ist ein Drama, dass man das Leben erst rückblickend versteht, aber volle Kraft voraus leben muss. Als ob man eine Welle surft, die man dabei gleichzeitig erschaffen soll. Ich setze mit zunehmendem Alter auf „Forgetting" statt „Regretting". Denn am meisten würde ich am Ende bereuen, Zeit mit Bereuen vergeudet zu haben.

Ich war's!

Schreibe mir jetzt eine Entschuldigung: Langsam werde ich nämlich sündenbockig. Die Sonne bringt es an den Tag, dass Frühlingsgefühle für Frauen hauptsächlich nur weitere Schuldgefühle sind – weil man zu dick, zu müde, zu blass, zu unfit ist. Und das ist nur die Frühjahrsedition der Basiskollektion von Schuldgefühlen, die Frauen ganzjährig tragen – dass sie umweltfeindlich Sauerstoff zu CO_2 veratmen, Müll fabrizieren, keine guten Mütter sind oder gar keine und zu Männern eine Armlänge zu viel oder zu wenig Abstand halten. Man fühlt sich schuldig, wenn man belästigt wird (kurzer Rock) oder unbelästigt bleibt (unsexy), krank ist (wer soll sich um Kinder, Job und Haushalt kümmern?) oder krank macht. In den USA wurde von offizieller Stelle verlangt, dass Frauen im gebärfähigen Alter auf den Konsum von Alkohol verzichten sollten, um nicht schuldig an Fehlentwicklungen hypothetischer Föten zu werden. Frauen übernehmen selbstverständlich die Gesamtschuld wie Männer einst die Restaurantrechnungen.

Nur logisch, dass vor Kurzem ein neues Frauenmagazin für diese riesige Zielgruppe angekündigt wurde, Titel: „Meine Schuld". Ja, das war Satire! Ich bin sicher, es würde ein Erfolg werden. Am besten mit einer Doppelseite mit Schuldsprüchen zum Herausnehmen.

Wie wäre es endlich mit return to gender? Doch Männer, diese raffinierten Biester, verweigern die Annahme. Sie sind aus ihrer alten Rolle des patriarchalen Bestimmers in die des „Blamers" geschlüpft. Statt nervige Konfrontation und Verhaltensänderung zu riskieren, retournieren sie mit dieser passiv-aggressiven Strategie sämtliche Vorwürfe: „Siehst du darin nicht deinen eigenen Anteil, Schatz?" Die Commerzbank hat vergeblich „verzweifelt lange nach einer Frau für den Vorstand gesucht, aber der Pool war sehr überschaubar"? Zu dumm. Blamer sind die Banker der Psychologie – emotionale Gewinne privatisieren, Verluste verstaatlichen. Sie zocken, denn irgendeine Frau wird schon die Schuld übernehmen und den emotionalen Rettungsschirm aufspannen. Bei Kritik verhängt der Blamer als ultimativen Maulkorb die Rückfrage: „Wie kriegen das denn alle anderen hin?!" Auf die wahre Antwort „Auch nicht, es traut sich nur keine, darüber zu reden" kommt keine mehr vor lauter Schämen. Die Eselsecke ist ein Frauenparkplatz.

Was waren das für seelenruhige Zeiten, als das Schicksal oder Gott oder die Gesellschaft oder Herkunft schuld waren an Armut, Einsamkeit und falscher Partnerwahl! Heute gilt: Männer haben Pech – Frauen Schuld. Sie müssten nur wollen. Das sagt einem jedes Internet-Sinnbildchen: „Du kannst dich täglich neu entscheiden, glücklich zu sein!" So entscheide ich mich, mit einer Geschäftsidee nicht nur glücklich, sondern reich zu werden, indem ich Minilohnjobberinnen in engen „ICH BIN SCHULD!"-Shirts als moderne Sündenböcke vermiete, die im Namen der Auftraggeber Gutes tun. Diesen Ablasshandel habe ich mir von einem der großen Player in Sachen Schuld und Reichtum abgeschaut: Blame it on the church, don't blame it on me.

Kleine Racker

Zu meiner Überraschung scheint Gangster heutzutage ein anerkannter Ausbildungsweg zu sein. Einziger Nachteil: Es handelt sich dabei um einen reinen Männerberuf. Mein fünfzehnjähriger Sohn hat daran durchaus Interesse, wenn ich seine Musikauswahl richtig deute. Ich kann ihn sogar verstehen: Die „Gangsta"-Karriere verspricht nicht nur sprunghafte Aufstiegschancen, flexible Arbeitszeiten und immer ein Bündel Geldscheine in der Tasche, sondern bietet dazu überschaubare Rahmenbedingungen. Scheiß auf Abitur und Studium, die Qualifikation zum Boss ist hauptsächlich im Bodybuilding- und Tattoo-Studio zu erwerben. Zwei Jahre Knasterfahrung wie bei Gzuz, dem muskelbepackten, tätowierten Rapper der irre erfolgreichen und mäßig begabten Band 187 Strassenbande, werden im Lebenslauf hervorgehoben wie einst ein Auslandssemester in Harvard. Als an der harten Schule des Lebens Ausstudierter rappt man überwiegend darüber, wie man mit seinen „Brüdern" Marihuana raucht, das garantiert nicht medizinisch indiziert ist, dabei Geld zählt oder im Mercedes CL 500 herumfährt und allen anderen zeigt, wo 's langgeht.

Dieser musikalische Maskulinismus ist so einfach wie ansprechend, Geschlechterrollen werden da nicht diskutiert oder gar gegendert. Beziehungen sind Tauschgeschäfte, in denen geldgeile Schlampen ihre Körper gegen Freifahrten im Luxusschlitten tauschen. Deswegen wird auf „Kotzen" auch sehr originell „Fotzen" gereimt.

Damit man zeitgemäße Unterhaltungen in U-Bahnen verstehen kann, ohne sich durch dumme Nachfragen in

Gefahr zu bringen: „Isch fick dich!" hat nichts mit Sex zu tun, sondern meint „Ich mach dich fertig". Wo Männer sonst klugerweise versteckt frauenfeindlich sind, ist der Gangster da total offen. Gangster sind die neuen Hipster, deswegen sehen Werber nun glattrasiert und muskeltierisch tätowiert aus wie Agenthurensöhne und mainstreamen Rappersprech wie „beef" haben oder „bitches bangen". Linguistik wirkt in diesem großmäuligen Umfeld wie eine altertümliche Bezeichnung für Blowjob.

Der Ökonom Oliver Nachtwey mahnt in seinem Buch „Die Abstiegsgesellschaft", dass höhere Bildung wertlos wird, wenn daraus keine gesicherte Zukunft resultiert. Gar nicht dumm also, wem es da klüger scheint, gleich am Wohlstand teilhaben zu wollen, und das notfalls mit kriminellen Methoden – ganz nach dem Vorbild der bürgerlichen Waffenschieber, Drogendealer und Betrüger, die einem in den Nachrichten aus Politik, Wirtschaft, Fifa und Olympia begegnen. Gegen Asoziale in Anzügen scheinen Kriminelle, die wenigstens über ihre illegalen Geschäfte plaudern, die einzig Ehrlichen. Diese Authentizität macht sie mir richtig sympathisch. Ich höre mittlerweile gerne Kontra K, Ex-Mitglied von 187 Strassenbande, der mit seinem Lied „Erfolg ist kein Glück" überraschend leistungsorientiert ist. Und wenn ich will, dass mein Sohn diese Musik sofort leise dreht, brauche ich nur aus der Küche zu rufen: „Das klingt hübsch, Häschen! Wer ist das?"

Halt mal an!

Neulich ließ ich mich überreden, in einer Gruppe laufen zu gehen. Bei einer schönen Aussicht verlangsamte ich. „Weiter! Du brauchst keine Pause!", schrie der fitteste Lemming. Doch, du Arsch, dachte ich – und zum Glück fühle ich das auch noch. Außerdem weiß man doch, dass nach Anstrengungen Erholungspausen eingelegt werden müssen, in denen der Körper daran wachsen, statt verzweifeln kann. Aber Pausenhöfe gibt es nur noch in Schulen und im Knast. Früher wurden Auszeiten zur Regeneration und Reflexion vorgegeben – vom schwindenden Tageslicht, von der Fabriksirene, von Kirchenglocken, der begrenzten Laufzeit einer LP und dem Sendeschluss im TV. Pausenzeiten strukturierten den Tag, das Denken, das Leben. Mittlerweile sind sie im Livestream der Zeit verschwunden. Das große Pausenlos wurde einem als Fortschritt verkauft: Jetzt neu – auch mit Wochenendfreiheit! Mittagspausen verbringt man mit Essen vom Lieferservice am Schreibtisch, um ausgebrannt vom ganz großen Ausstieg zu träumen.

Die Sommerpause fiel ja auch schon aus. Ich denke da an den Amokläufer von München, als Deutschland vor dem Fernseher live dabei war, als von einem Reporter zum nächsten geschaltet wurde, die dann berichteten, dass es nichts Neues geben würde und man noch nichts sagen könnte außer bla bla bla und „Ich gebe weiter zum Kollegen XY, der vor dem EKZ steht". Journalisten als Pausenclowns.

Immer schneller in die falsche Richtung zu rennen, immer mehr ungefilterte Informationen zu verarbeiten macht einen nicht produktiver, weiser oder erfolgreicher. Nur stumpfer, verwirrter, panischer. Aber niemand traut sich, als Erster stehen zu bleiben. Wir rasen durch unser Leben wie einst der Bus im Spielfilm „Speed", den ein Erpresser so mit einer Bombe verkabelt hatte, dass er samt Insassen explodieren würde, wenn er unter 50 km/h führe. Es geht weiter, blitzschnell.

Und so definieren sich Denkpausen nicht mehr als Pause, um nachzudenken, was zur Hölle man da eigentlich tut, sondern als Dauerpause vom Denken. So war das aber nicht gemeint! Ich überlege erstmals, mit dem Rauchen anzufangen, wegen der Zigarettenpausen: draußen vor der Tür, zehn Minuten an der frischen Luft meinen Gedanken nachhängen. Und meine Flugangst verflüchtigt sich bei der Vorfreude auf empfangs- und sendefreie Zeit im Himmel. Es gilt, auch im normalen Leben, dann und wann den Flugmodus ein- und mich auszuschalten aus der Dauerpräsenz. Ich versetze mein Gehirn nun öfters in den Vorruhestand, von Hirnforschern „Default Mode Network" genannt, besonders aktiv beim Tagträumen. Gerade das soll jene Gehirnregionen anregen, die erfinderisch machen. Ernst Pöppel, Chef des Münchner Instituts für Medizinische Psychologie, glaubt, dass es in der Gesellschaft einen Kreativitätsstau gibt, der „geradezu explodieren könnte, wenn Büros in allen Institutionen täglich eine Stunde aus dem Kommunikationszwang aussteigen würden". Damit will ich auf keinen Fall bis zur Menopause warten.

Alles gut?

Die Welt ist jetzt endgültig verrückt geworden. Zumindest wenn es nach dem amerikanischen Handbuch zur Klassifikation psychischer Störungen geht: Ob Angst, Trauer, Ungeduld, Frustration oder Aufregung – jedes menschenmögliche Gefühl wurde nun als Krankheit klassifiziert und damit zu einer behandlungsbedürftigen, schnellstmöglich behebbaren und abrechenbaren Störung umdefiniert. So gesehen kann schon Altern als selbstverletzendes Verhalten gelten. Und selbst die schöne Jugendzeit scheint ohne psychiatrischen Beistand niemand mehr zu überleben: Das „Time Magazine" veröffentlichte gerade die Titelgeschichte „Teen Depression and Anxiety: Why the Kids Are Not Alright". Und die Dortmunder Oper brachte „Bipolare Störungen" als Musical mit dem Titel „Next to Normal" heraus.

Statt „was Kreatives oder was mit Medien" sollte man dem Kind raten, Psychotherapeut zu werden. Bei Wartezeiten von weit über drei Monaten bis zum ersten Termin ist logisch, dass jeder heute hobbytherapeutisch gebildet ist. Entsprechend klingen Unterhaltungen: Statt einfach zu sagen, ein Kerl wäre eitel, heißt es „narzisstisch persönlichkeitsgestört", statt ängstlich gleich „phobisch", und widersprüchliches Verhalten ist „echt schizophren". Wer mal überschwänglich emotional reagiert, „borderlinert", wer wütend ist, darf nicht kaputt machen, was ihn kaputt macht, sondern sollte sich dringend um sein „Anger-Management" kümmern. Da ist die gesamte Gesellschaft hoch sensibilisiert, um nicht zu sagen „HSP". Es gibt keine Lebenskrisen mehr, an denen man wachsen kann; das ganze Leben ist eine Krise. Vielleicht auch, weil man heutzutage alles sein darf, nur nicht durchschnittlich. Solche Menschen werden als „Stinos", also „Stinknormale", diskriminiert: Einer, der halbwegs unproblematisch funktioniert, für sich und für andere, muss einfach ein unreflektierter Langweiler sein. Das bei Ärzten bekannte Phänomen, dass nach einer Gesundheitssendung lauter Patienten mit eben den beschriebenen Symptomen im Wartezimmer sitzen, gilt auch für psychische Selbstdiagnosen. Durch die Menge glamourös gestörter Hollywoodstars könnte jemand, dem es bisher vielleicht nur mittel ging, nicht nur Angelina Jolie, sondern auch ihre öffentlichkeitswirksamen Diagnosen als vorbildlich ansehen. Da mittlerweile bekannt ist, wie stark Emotionen über soziale Netzwerke und Medien ansteckend wirken, versuche ich eine gesunde Distanz dazu zu üben – mal mit mehr, mal mit weniger Erfolg. Sollte man nicht lieber publik machen, dass es okay ist, sich zwischenzeitlich gestört oder unglücklich zu fühlen? Vielleicht ginge es einigen schon besser, wenn sie wüssten, dass es den anderen auch nicht besser geht – und dass das vorbeigeht. Ja, wir sind alle müde, gestresst, besorgt. Ich wünschte, es wäre normal, sich Auszeiten nehmen zu dürfen, ohne dafür als verrückt gelten zu müssen. Ein Abend mit Freunden und ein paar Flaschen Wein machen oft glücklicher als die ewige Analyse, was einem zum Glück noch so fehlt.

Grüne Hölle

Ja, ich träume auch von einer Bloghütte, also einer Schreib-klause im Wald, einem idyllischen Leben im grünen Bereich. Aber was momentan an Auswüchsen der Naturverehrung sprießt, finde ich total irre. Am Busen der Natur soll es paradiesischer sein als an sämtlichen Brüsten: „Ökosexuelle" erreichen Gipfel der Lust, indem sie sich an wehrlosen Bäu-men reiben oder Erdlöcher penetrieren. Mutter Natur soll zudem kundiger heilen als jeder Mediziner, allwissender sein als Google und nachhaltiger immunisieren als Impfungen, die zunehmend mehr gefürchtet werden als unheimlich natürliche Krankheiten wie Masern oder Tetanus. Letzter Schrei ist der erste Schrei an frischer Luft: Im Internet darf man miterleben, wie Hochschwangere ihre Babys beim „Free Birthing" im Flussbett oder Meer in die Umwelt pressen. Wie kann man sich dabei lieber von einer Kamera begleiten lassen als von Ärzten?

Das Leben ist keine Kräuterwanderung und die Natur kein Sitzkreis auf Mooskissen, da geht es ruppiger zu als bei „Game of Thrones". Wer pures Gift sucht, was Neohippies ja in Chemielaboren und Supermarktobst lokalisieren, der sollte einfach mal nach draußen gehen. Blau- und Goldre-gen, Oleander, Eisen- und Fingerhut, Eibe, Kirschlorbeer? Alles todsichere Anwärter auf die „Giftpflanze des Jahres". Ein „gesunder" Salat aus rohen grünen Bohnen hat schon Veganer-Kongresse ins Krankenhaus gebracht. Nach einer neuen Studie sind Frauen allerdings von Naturheilkun-de, Öko-Esoterik und Wellness besonders begeistert, weil die klassische Medizin sie sträflich alt- und stiefväterlich behandelt. Der männliche Körper gilt in der Forschung als Maß der Dinge, weswegen Frauen bei Schmerzen und Beschwerden eher zum Psychologen geschickt werden. Vor allem gebildete und finanzkräftige Frauen wollen lieber alternativ ihr Wohlbefinden durch Detoxkuren und Jade-Eier in der Vagina stärken. In Notfällen habe ich jedoch noch nie gehört, dass jemand „Ist hier ein Heilpraktiker anwesend?" schreit.

Lieber bleibe ich das passivste Mitglied der Wandervögel. Theoretisch durchstreife ich gern Wiesen und Wälder, praktisch panike ich bei der Abwehr von Wespen, Mücken und Zecken. Hoffnungslos, mich zu trendy Outdoor-Events zu motivieren, bei denen ich es „mal so richtig dirty" zugehen lassen könnte: „Tough Mudder für Frauen – 18 Kilometer Schlamm & Hindernisse" klingt wie eine normale Berufslaufbahn. Jede Fangopackung in Bad Pyrmont ist sexier. Ich entstamme eben einer langen wie langlebigen Linie überzüchteter Weicheier. Die Natur und ich haben eine Schönwetterbeziehung, jeder lässt dem anderen seine Rückzugsräume. Ich bin so öko, keinem Tier ein Bett im Kornfeld streitig zu machen. Und dass Mutter Natur immer noch nicht evolutionär umgesetzt hat, dass es keine Beinbehaarung braucht, weil es seit Jahrtausenden Hosen gibt, spricht nicht für ihren IQ. Mal ehrlich: Die Lebenserwartung ist drastisch gestiegen, seit Menschen den Rückzug aus der Wildnis angetreten haben. Auch ich bin mehr so der Typ für Indoor-Adventure.

Furcht, los!

Wenn es heute neben dem Essen von Kohlenhydraten ein gesellschaftliches Tabu gibt, dann, dass „wir" keine Angst haben dürfen. Davon abgesehen, wie absurd es ist, Gefühle verbieten zu wollen, fordern das ironischerweise all jene, denen am wenigsten bange sein muss: 25-Jährige prahlen, keine Angst vor dem Alter zu haben. Männer fürchten keine Karriereeinbuße durch Familiengründung. Leute, die sich per Dienstwagen im Stadtverkehr fortbewegen, haben keine Angst, mit der U-Bahn zu fahren. Also rein theoretisch.

Moderne Menschen wollen eben weder körperlich noch seelisch verwundbar und manipulierbar wirken, sondern cool, vernünftig und selbstbeherrscht. Aber Angst ist „die logische Antwort auf die Absurdität, den Terror, die Unsicherheit und das Hochrisiko des Lebens", wie der Philosoph Alain de Botton sagt. Wir sind mittendrin. Und wir müssen dauernd Lebensentscheidungen treffen, von denen wir erst im Nachhinein wissen werden, ob sie gut waren. Wir haben verletzliche Seelen in verletzlichen Körpern, die von heute auf morgen zusammenbrechen können. Wir müssen jeden Tag aufstehen und uns dem Irrsinn dieser Welt stellen, den Zumutungen des Alltags und des Alterns und der instabilen Nachrichtenlage. Und natürlich sorge ich mich nach den Terroranschlägen von Barcelona, Paris, Manchester, London und Berlin, wann der Schrecken wo wieder zuschlagen könnte. Wenn ich diese Städte besuchen werde, wenn ich auf Konzerte und auf Weihnachtsmärkte gehe, dann wird mich immer auch ein ungutes Gefühl begleiten. Ich weigere mich zwar, in Panik zu verfallen, aber Angst ist ein Früh-warnzeichen, auf das ich mich verlassen kann.

Statt Ängste zu negieren, ist es klüger, sie als Lebens-abschnittspartner zu akzeptieren, statt sich auch noch der Angst vor der Angst zu schämen. Du darfst! Wir sind nun mal alle Abkommen der Ängstlichen, Verwandte der Vorsichtigen; denn die Über-Mutigen wurden von Säbel-zahntigern gefressen, ehe sie sich fortpflanzen konnten. Die Evolution arbeitet mit Zuckerbrot (Liebe, Sex, Freu-de) und Peitsche (Angst, Wut, Aggression). Jeder kommt mit einer vorinstallierten Grundausstattung von Gefühlen auf die Welt; man kann sie sich nicht zusammenstellen wie ein Menü im Restaurant – höchstens, wie reflektiert man darauf reagiert. Kampfkünstler lehren nicht ohne Grund, dass Wegrennen fast immer das Klügste ist. Denn Angst ist, entgegen dem Sprichwort, ein guter Berater. Sie ist eine Superkraft.

Schluss also mit Psycho-Shaming. Das Gegenteil von Angst ist nicht Mut: Es ist überwiegend Naivität. Keine Angst zu haben bedeutet höchstens, dass man nichts und niemanden zum Lieben hat. Da verbringe ich einen Teil meines Lebens lieber mit einem Bein in Schreckhaft. Was mir da heraushilft: gute Argumente und Informationen, sorgenbetäubende Umarmungen, ein kühles Bier, darüber reden, aufregen und lachen. Dagegen hat mich noch nie beruhigt, wenn mir jemand sagte, ich möge mich einfach mal beruhigen.

Erspar mir das

Bücher liebe ich, nur Haushaltsbücher nicht. Trotzdem habe ich kürzlich auch mal wieder versucht, mein Konsumverhalten aufzuzeichnen, mir aber nach dem dritten Tag voller Pillepalle-Einträgen wie „Milchkaffee 2,90" lieber die wertvolle Zeit dafür gespart. Es motiviert mich nicht, dass Apps wie „MoneyControl" oder pinkfarbene Haushaltsbücher aus schönem Papier als neues Must-have jeder eigenständigen Frau gelten und dass Facebook-Gruppen wie „Spaß am Sparen" oder Finanz- Blogs, die Frauen und Geld endlich in einer festen Beziehung sehen wollen, hoch im Kurs stehen.

Neu erweckte Sparerinnen sind zudem nerviger und missionierender als trockene Alkoholiker und frisch bekehrte Veganer zugleich. Lustige Gesellschaft ist anders. Ich möchte nicht beim Dinner erzählt bekommen, dass man Tapetenkleister auch günstig aus Wasser und Roggenmehl anrühren kann. Dafür ist mir meine Zeit zu kostbar. Richtig wütend werde ich, wenn dann noch esoterische Glaubenssätze gepredigt werden, etwa dass man Fülle nur imaginieren muss, damit sie sich im Leben manifestiert – den Effekt habe ich bisher höchstens an meinen Hüften bemerkt.

Geld an sich ist für mich kein Wert, aber die gesellschaftlich akzeptierte Währung für Dinge, die mein Leben und das meiner Lieben sicherer, schöner, leichter und freier machen. Richtig, dass man für seine finanzielle Sicherheit Verantwortung übernimmt, aber keiner sollte sich schuldig fühlen, nicht groß sparen zu können. Nullzinspolitik, wackliger Arbeitsmarkt, steil steigende Mieten und Lebenshaltungskosten lassen die arbeitende und vielleicht auch noch Kinder großziehende Bevölkerung arm aussehen. Frauen und Mütter werden zudem systematisch finanziell abhängig gehalten – immer noch „entlohnt der Heiratsmarkt Frauen besser als der Arbeitsmarkt", wie Soziologin Jutta Allmendinger sagt. Das Konto ist eine echte weibliche Problemzone. Da hilft keine Spar-App, nur soziale Gerechtigkeit. Auch Studenten, Alleinerziehende und Niedriglohngruppen bekommen gratis höchstens billige Ratschläge wie „Wenn du weniger Avocados isst und dein Essen in einer Tupperdose mit ins Büro bringst, kannst du in etwa 30 Jahren finanziell unabhängig sein!". Die meisten Reichen haben ihr Geld übrigens nicht herbeifantasiert oder durch Millionen ungegessener Avocados zusammengekratzt, sondern geerbt.

Die Armen müssten endlich mal lernen, mit Geld umzugehen? Ich wette, das können die deutlich besser als Air Berlin oder der deutsche Staat, dessen Verschuldung trotz Rekordeinnahmen aktuell bei knapp zwei Billionen Euro liegt. Der Ex-VW-Manager Winterkorn wurde für sein Totalversagen mit einer Rente von 3000 Euro – täglich! – in den Ruhestand geschickt. So viel Milchkaffee kann ich gar nicht trinken, wie ich da kotzen möchte. Und mehr Angst als vor Altersarmut habe ich vor der Vorstellung, nächste Woche vom Bus überfahren zu werden. Mein letzter Gedanke wäre: „Hätte ich doch mehr Champagner getrunken."

Sauber bleiben!

Wenn ich mir etwas noch mehr wünsche als ein Haus, dann ist es eine Haushälterin. Also eine Hausfrau, die nicht ich ist. Nein, ich schäme mich nicht für diese dreckige Fantasie. Ich bin voll in Ordnung, auch dann, wenn es meine Wohnung mal nicht ist. Mir mangelt es nicht an der richtigen Einstellung oder rosa geblümten Spüllappen – mir fehlt einfach das Geld, um die alltägliche Putzerei outzusourcen. Schluss mit dem Mythos, dass Frauen Schlampen sind, die nicht munter selbst klar Schiff oder Essen machen. Schön, wenn jemand gern Dinge in Ordnung bringt und seine Sorgenfalten beim Bügeln mitglättet, ich sehe nur keinen moralischen Mehrwert darin. Falls ich mal nichts Besseres zu tun habe, dann aber garantiert etwas Schöneres. So hoch kann meine Lebenserwartung gar nicht sein, dass ich die in Deutschland für Frauen pro Tag üblichen drei Stunden wasche, sauge, putze!

Ein Mann, der mit einer Frau zusammenlebt, hat Heimvorteil: Er muss laut einer Studie deutlich weniger Haushaltsarbeit machen. Die Partnerin hat dagegen mehr zu tun, als wenn sie allein leben würde. Wer also aussortieren will, sollte beim Kerl anfangen.

Marie Kondo, eine alleinlebende Japanerin und Bestsellerautorin, die ich für den Prototyp eines humanoiden Haushaltsroboters halte, will mir eine ordentliche Gehirnwäsche verpassen. Und zwar mit ihrer Methode „Magic Cleaning – Wie Sie sich von Ballast befreien und glücklich werden". Paradox, denn ich bin ja glücklich, solange ich nicht aufräumen muss. Und welcher Mann würde laut Kondos

Rat jedes einzelne Besitztum anfassen, die Augen schließen und nachspüren, in welcher Beziehung er zu dem Teil steht und ob es ihm Freude schenkt? (Von Vibratoren einmal abgesehen.) Ich habe ein Video geguckt, in dem die Japanerin beispielhaft eine Schublade mit lauter gebügelten, gefalteten und hochkant gestellten Kniestrümpfen einräumt. Und was, wenn jemand nur Sneakersocken besitzt? Ich möchte mit beiden Händen in diese Schublade fahren, alles herausreißen, in die Luft werfen und dann Kondos akkuraten Haarhelm verwuscheln. Ordnungsfanatiker können keine heißen Feger sein, denn toller Sex ist nicht aufgeräumt und sauber. Ich hab's lieber orgasmisch als organisiert; pure Lust statt reiner Unlust.

In your face mit „drinnen waltet die züchtige Hausfrau", Schiller! „Schöner Wohnen" sollte jede für sich definieren dürfen. Bei mir heißt das: Es riecht gut, es ist warm, hell, es gibt frisch bezogene Betten, Kerzen, Blumen, Bier im Kühlschrank. Was hat schon einen festen Platz im Leben? Meine Kinder, in meinem Herzen. Mein Schlüssel, auf der Kommode neben der Tür. Ich, auf dem Sofa, mit einem Buch aus dem Regal, das ich nicht hinter einer Schrankwand verbergen will. „Einbauschränke wären aber vernünftig!", ruft meine Mutter bei jedem Besuch. Ich bleibe lieber die Singstimme der Unvernunft: Der finale Einbauschrank für die ewige Ordnung ist der Sarg. Und auch der sauberste Mensch wird irgendwann selbst zu Staub.

Och, Mann!

Opa hatte noch ein richtig geiles Männerleben", sagt mein Sohn sehnsüchtig, als er nach dem Erholungsurlaub von seiner anstrengenden Existenz als emanzipierter Junge aus den Ferien bei Oma zurückkehrt. „Der musste nie was im Haushalt helfen!" Er wirft mir einen verbitterten Blick zu. „Tja, die Zeiten sind zum Glück vorbei", erwidere ich. Und denke: Stimmt das? Kommen diese Herrschaftszeiten nicht gerade wieder?

Als ich jung war, glaubte ich an die Gleichberechtigung, aber ich glaubte auch an die Rente. Mittlerweile wird mir öfters nachgesagt, ich sei eine Männerhasserin. Das ist natürlich falsch. Ich hasse nur trumpelige Typen, die sich gerade explosionsartig vermehren: Draußen nur Männchen – mit enttäuschten, unbegründeten Ansprüchen. War es die vergangenen 30 Jahre zumindest im Westen verpönt, Frauen öffentlich scheiße zu finden, wird global der anschwellende Bocksgesang derer immer lauter, die in Weibern das widerspenstigste Nutztier der Welt sehen. Kerle, die ihre patriarchalen Privilegien nicht nur nicht teilen wollen, sondern – laut Sozialstudien zu fast 70 Prozent – nicht mal (ein-) sehen, dass der weiße heterosexuelle Mann wirtschaftlich und gesellschaftlich qua Geburt Vorteile hat. Männer, die es frech finden, dass Frauen über ihre Körper und Leben selbst bestimmen. Allein die Videos, in denen Frauen heimlich filmten, welcher Anmache sie auf der Straße alltäglich ausgesetzt sind, deprimieren. Eine Verachtung, die einem entgegenschlägt, bei der höchstens unterschieden wird zwischen Frauen, die Mann nicht vögeln will („alt, hässlich"), und denen, die Mann vögeln wollte, sie ihn aber nicht („dumm, eitel, Schlampe"). Nur nicht aufmucken: 2017 ermahnte ein deutscher Richter die „Damen auf den billigen Plätzen", sich ruhig zu verhalten – passenderweise wurde damals die Klage einer preisgekrönten ZDF-Redakteurin verhandelt, entgegen dem Gleichstellungsgesetz viel weniger Geld für die gleiche Arbeit zu bekommen als ihr Kollege.

Meine innere Sicherheit erodiert durch Männer, die sich eine „Pussy grabben", die Frauen terrorisieren oder umbringen (gibt es verharmlosendere Begriffe als „Beziehungstat" oder „häusliche Gewalt", was nach gemeinsamem Hobby und feierabendlichen Schlägen in vertrauter Umgebung klingt?) oder selbstgerecht Kindesunterhalt und Einkommen entziehen, um die Mutter ihrer Kinder zu entkräften. „Ein Ring, sie zu knechten", das klingt eher nach Ehe, statt Fantasyroman. Und als „Rückkehr der Könige" begreifen auch die neuen Maskulinisten ihr Auftreten. Die waren nie weg, sie werden nur wieder lauter und sichtbarer. Vielleicht ist das ein Grund, warum etliche Frauen in fortgeschrittenem Alter lesbisch werden, wie die „Eat Pray Love"-Autorin Elizabeth Gilbert, die sich für ihre beste Freundin scheiden ließ.

An meinen sexuellen Präferenzen gendert sich nichts. Denn die anderen Männer, die liebe ich: jene mit Empathie, Gerechtigkeitssinn, emotionaler Intelligenz, Humor, bestenfalls Selbstironie. Männer, wie mein Sohn hoffentlich mal einer sein wird. Ich habe einen Traum.

Schreib's auf!

Schicke mir deine meistverwendeten Emojis – und ich texte dir zurück, wer du bist. Oder gar nicht, falls folgende darunter sind: 1.) Das Zwinker-Emoji mit herausgestreckter Ätsch-Zunge, was aussieht wie ein Spendenaufruf für Schlaganfallopfer, tatsächlich aber einen peinlichen Affront als „frechen Scherz" verharmlosen soll. 2.) Die Aubergine, die mir als Penisplatzhalter (dunkelviolett und oval? WTF?) völlig ungeeignet scheint. 3.) Der Kackhaufen mit Augen. Emojilogie ersetzt Grafologie: Statt sowieso kaum noch gebräuchliche Handschriften zu deuten, können Charakterzüge nun aus dem inflationären Einsatz von Bildchen in Chats erlesen werden. Gerade Narzissten und Betrüger dürften viele Herzchen und Küsschen versenden, weil sie so auf Distanz bleiben, aber bei mehreren Frauen gleichzeitig Gefühle großer Nähe s(t)imulieren können.

Emojis sind wie Stützräder, die Sätze so richtig in Fahrt bringen sollen. Sie erinnern mich an Leselernbücher aus Pappe für Kleinkinder, wo Bildchen von Kühen oder Treckern das Verständnis der eh schon schlichten Geschichte vereinfachen. Beim Erwachsenen lassen Bildchen umgekehrt das Lesen und Schreiben verlernen: Sie ersparen die Mühe, ganze Sätze auf einen Empfänger maßzuschneidern; eine Absicht so zu formulieren, dass sie richtig ankommt, nicht gruppenchattauglich, sondern individuell und originell. Texte scheinen zunehmend aus optischen Schlagworten zu bestehen: Witz, hoho, Lachsmiley! Okay, gerade Männer finden es ja schwer, ihre Gefühle zu artikulieren, da können Emojis als Übersetzer aushelfen. Es ist leichter, einen weinenden Smiley (ein Paradoxon an sich) zu senden, als zu schreiben: Ich bin traurig. Auch ein Herz ist als Stellvertreter von Liebe schneller getippt als eine zu Herzen gehende Liebeserklärung formuliert. Aber ich gehöre noch zu den Bildungsbürgertöchtern, die keine Comics lesen durften. Weil das – Zack! Bämm! Schluchz! – nur etwas für Dumme wäre und der Wortschatz dadurch kleinwüchsig bliebe. Ich bin so alt, dass ich Sätze noch mit Punkten abschließe. Und ich möchte als intelligente Frau angeschrieben werden, nicht kindisch bebildert. Nur noch selten verführen amüsante Formulierungen, rare Wörter oder elegante Sätze mein Gehirn, was immerhin als die größte weibliche erogene Zone gilt.

Emojis als Piktogramm-Esperanto sollen die Kommunikation vereinfachen, schaffen aber neue Missverständnisse: Sind das betende Hände oder ein High Five? Wie ist dieser Fingerzeig gemeint? Das gilt nicht nur für verschiedene Länder und Kulturen, es verursacht schon Sprachverwirrung, wenn man mit Menschen textet, die kein iOS-Update gemacht haben oder altertümliche Handys besitzen und irritiert sind, weil man ihnen Aliens oder Boxen mit Fragezeichen schickt. Von wegen ein Bild sagt mehr als 1000 Worte! Nach 4000 Jahren sind wir aus der Zukunft zurückgefallen ins alte Ägypten mit Wandzeichnungen aus Hieroglyphen. Dabei ist diese Hochkultur wahrscheinlich genau deshalb untergegangen – zu viele Übersetzungsfehler.

Alles Lüge!

Neulich beschwerte sich ein Mann, ich sei doch selbst schuld, dass er mich einst angelogen hätte, weil er Angst gehabt habe, dass ich bei einer ehrlichen Antwort „ausrasten" würde. Sorry, ich bin echt eine Spießerin! War Lügen nicht mal das deutlichste Kennzeichen eines schlechten Charakters? Mittlerweile regt sich kaum noch jemand darüber auf – außer mir. Ich stehe auf harte, nackte Fakten. Auf Lügner nicht.

Wer Kinder hat, weiß, dass im Schadensfall die Frage „Wer war das?" selten Freiwillige findet. Verständlich! Die Wahrheit zu sagen und für sie einzustehen, das gilt als ethische Kulturleistung. Man signalisiert damit, dass man seine Mitmenschen nicht weniger achtet als die eigene Bequemlichkeit. Ja, Höflichkeitslügen gab es schon immer, und die netteste habe ich auch schon verwendet: „Es liegt nicht an dir, es liegt an mir!" Jede Gesellschaft funktioniert besser, wenn man einander nicht ehrlich ins Gesicht sagt, wie scheiße man sich findet oder wie wenig Lust man hat, Zeit auf langweiligen Partys zu vergeuden. Aber dass Lügen und Betrügen von unmoralischen Einzelfällen zu einer anerkannten Manipulationstechnik und Karrierestrategie hochgejazzt wurde, für die Ehrliche einfach zu treudoof sind, ist mir neu. Ich ahne künftige Studiengänge „Alternative Wahrheiten", in denen der Bitchelor lernt, mit allem davonzukommen. Klausuren würden danach benotet, wie viel Prozent gelogen, aber nicht nachweisbar sind, und wie stimmig das Gesamtkonstrukt ist. Abschlüsse: Diplom-Player oder Dr. Pokerface.

Generell scheinen Schuldgefühle ab- sowie die allgemeine Akzeptanz von Lügen und Lügenlassen zugenommen zu haben. Aus „Lüg mich bitte nie an" wurde „Mach's wenigstens so, dass es meine Intelligenz nicht beleidigt und mich nicht in Gefahr bringt". Als wäre das Leben eine einzige Drama-Comedy wie die HBO-Serie „Big Little Lies", die ohne Lügen als Spannungselemente keine Fortsetzung findet.

Sogar der Volksmund sagt die Unwahrheit: Ehrlich währt am längsten? Totaler Quatsch. Lügen haben kurze Beine? Ach, was! Und nein, nicht alles kommt mal an den Tag oder in die Medien. Aber wenn, dann passiert: nichts. Selbst wenn Lügengeschichten öffentlich diskutiert werden – wie bei Donald Trump, dem allein in den ersten 100 Tagen Amtszeit 133 Unwahrheiten nachgewiesen wurden, hat das kaum Konsequenzen.

Der Autor Tom Kummer verursachte im Jahr 2000 noch ein Beben in der Medienwelt, als er zugeben musste, seine genialen Star-Interviews zu großen Teilen erfunden zu haben. Es hat ihn und seine Auftraggeber den Job und den Ruf gekostet. Vielleicht war er seiner Zeit aber auch einfach nur voraus.

Fake News, Fake Profile, Fake Feelings, Schluss damit. Ich will nicht nebenberuflich Detektivin meiner Realität werden und laufend Vertrauens- oder Schuldbeweise sammeln. Ich will einfach wieder glauben können. Und die alternative Wahrheit der anderen endet mit meiner Geduld, mir deren Bullshit anzuhören. Ehrlich!

Prisen-Krise

Es ist so: Ich liebe Erdbeeren, von der Hand in den Mund. Als ich letztens meine Mutter besuchte, brachte ich ein Kilo mit. Ich fand sie wieder als einen Haufen roter Stückchen in einer Schüssel, verschüttet unter Raffinadezucker, dem Crack unter den Süßungsmitteln. Die Früchtchen sollten in dem roten Sirup „durchziehen" und somit überhaupt erst genießbar werden. Meine modernen Einwände, Erdbeeren wären per se süß, machen meine Mutter höchstens sauer. Sie (80, schlank und fit) ist für die Zuckerindustrie das, was Helmut Schmidt für die Tabakindustrie war: der langlebige Beweis, dass die Droge, die mittlerweile vom Fitnessmodel bis zu Tim Mälzer als das schlimmste Problem der Weltbevölkerung gilt, „sooo ungesund" nun auch nicht sein kann.

Allerdings kann man mit einigen Päckchen Ahoi-Brausepulver heute ganze Yogafestivals zuckerschocken und Kindergeburtstage sprengen, ehe man rausfliegt und nie wieder aufgefordert wird, etwas zum Büffet beizutragen. In nächster Generation wird sich die uralte genetische Vorliebe für Süßes wahrscheinlich ausgemendelt haben. Man kann nicht mehr ins Internet schauen, ohne von Erweckungsberichten geflasht zu werden wie „So kam ich endlich vom Zucker los!", „Zuckerfrei seit zwei Jahren!" oder „Das passiert, wenn du 8 Wochen keinen Zucker isst!". Danke, Letzteres weiß ich schon: Ich kriege sehr, sehr schlechte Laune – besonders in Phasen von PMS oder großem Stress, wo man mich und mein Hirn lieber in Zuckerwatte packen sollte. Aber sich mit 'nem „Löffelchen voll Zucker die bittere Medizin" zu versüßen, ist verboten. „La Dolce Vita" besteht nur noch aus säuerlichen Ernährungserkenntnissen, die sich wöchentlich updaten: Traubenzucker, Honig, Fruktose, Glukose, Aspartam, Agavensirup, Zuckerrübensaft, Bircolin, Xylit, Stevia, Inulin und Kokosblütenzucker waren alles schon unbefriedigende Ersatzstoffe für das süße Heroin.

Kinder zuckerfrei großzuziehen grenzt für meine Mutter an Körperverletzung. Ich wurde erwachsen trotz Dosenpfirsichen und Wasser, das erst mit einem Schuss Himbeer- oder Waldmeistersirup als Getränk galt. Meine Mama sammelte verpackte Zuckerwürfel von ihren Reisen und hat auch zu ihrem Kaffeegeschirr noch Zuckerdosen, die in modernen Haushalten aussterben wie einst die Tabakpfeifen. Sweet memories! In meiner gut entzogenen Generation taugt so was höchstens als Minivase für instagramige Wiesenblümchenarrangements.

Nach meinem Besuch fuhr ich fröhlich winkend von dem Haus weg, in dem meine Mutter seit dem Tod meines Vaters allein lebt. Im Auto einen Sack voller Süßigkeiten „für die Fahrt!" (180 km), den ich drei Mal dankend abgelehnt und beim vierten Mal dann doch mitgenommen hatte, weil ich schon den Angora-Nierenwärmer nicht annehmen wollte. Im Rückspiegel sah ich meine ebenfalls winkende winzige Mutter verschwinden. Nach zwei Kilometern Fahrt musste ich erst einmal rechts ranfahren, weil ich vor Tränen die Straße kaum noch sah. Ich brauchte dringend was Süßes.

Protest, marsch!

Du wirst noch auf der Straße landen! Was für mich immer eine Drohung war, ist im Moment meine größte Hoffnung. Demonstrationen waren viel zu lange geschlossene Parallelsysteme unsympathischer Randgruppen – wo Rechtsradikale auf Linksradikale, Linksradikale auf „Bullen" oder Pegidaner leider nicht immer nur verbal auf die „Lügenpresse" einprügelten. Worum es außer kollektivem Pöbeln inhaltlich ging, war nebensächlich. Doch spätestens seit Leute – traumatisiert von einem für unmöglich gehaltenen US-Präsidenten Trump und den unerträglichen globalen Entwicklungen überall – ihre Kokons, Computer und Cafés von New York bis Berlin verließen, sind Protestmärsche zur demokratischen Gruppentherapie geworden. Man will gegen Angst und Wut nicht mehr nur etwas posten, sondern tun.

Wen man dabei massenhaft sieht, sind seit einiger Zeit Menschen wie die Durchschnittsmenge meiner Freunde. Eine bunte, bisher eher passiv politische Gesellschaft. Tolle, tolerante, gebildete Individuen, die akut bedroht sehen, was viel zu lange für sicher gehalten wurde: Freiheit, Demokratie und Menschenrechte. Leute, die plötzlich öffentlich sichtbar werden – sichtbar sauer, dass weder der gesunde Menschenverstand noch Onlinepetitionen gegen CETA und TTIP geholfen haben. Nein, in manchen Situationen hat man eben nicht „zu viel zu tun" – da muss man mit den A-Changing-Times mitgehen. Während Demonstrationen angemeldet und genehmigt werden müssen, ruft man über Social Media spontan mal einen politischen Flashmob zum Interessenaustausch zusammen. Aus der virtuellen Welt zurück in die

Realität: Das ist der große Wandel, der sich ankündigt. Gerade für Digital Natives kommt das schon einem Umbruch gleich. Zeitgemäß wünsche ich mir Magazine und Blogs für die Gestaltung eines schönen Protestzugs, plus Vorlagen für kreative Schilder. Trillerpfeifen und Warnwesten sind out, stattdessen schweben mir Modestrecken mit stylishen Demo-Outfits vor – und es dauert sicher nicht lange, bis es einen Nike-„Revolution" für lange Pflastermärsche durch Städte und Institutionen geben wird. Auch der Flirtfaktor im Protestzug überzeugt: War das nicht ein cooler Typ, der beim „Million Woman March" in Washington solidarisch ein „Stop Sexism"-Schild gegen Pussy-Grabber hochhielt?

Und wenn die nächste Großdemonstration gegen den G20-Gipfel der mächtigsten Staatschefs und Diktatoren aus aller Welt ansteht, werden sicherlich wieder viele Neu-Demonstranten dazukommen. Ein paar Regeln für Riot-Anfängerinnen: Verkneifen Sie sich gegenüber Polizisten anzügliche Mae-West-Zitate wie „Ist das eine Pistole in Ihrer Tasche oder freuen Sie sich, mich zu sehen?". Lange Haare sicherheitshalber zusammenbinden, ein schickes Halstuch lässt sich notfalls auch über Mund und Nase ziehen. Lasst uns auf den Demonstrationszug aufspringen, der kommt gerade erst richtig in Fahrt.

Sendeschluss

Neulich auf einer Party. „Und", fragte der Mann, mit dem ich seit fünf Minuten plauderte, „was machst du so beruflich?" – „Ich arbeite als freie Autorin", erwiderte ich. „Oh, interessant!", sagte der Typ und setzte hinterher: „Kannst du davon denn gut leben?" Ich war kurz sprachlos. Dann sagte ich: „Was geht es dich an? Findest du diese Frage angemessen? Definiere ‚gut'? Wer bist du überhaupt? Was würdest du tun, wenn ich jetzt sagen würde, dass ich unter einer Brücke schlafe?" Okay – Letzteres rief ich ihm hinterher. Er suchte das Weite.

Ich will und ich muss nicht auf alles eine Antwort haben. Meine Privatangelegenheiten sind kein Gesprächsstoff, mit dem alle ihre nackte Neugier zudecken können. Aber Frauen sollen doch gefälligst Klatsch-Content liefern, blankziehen, sich öffentlich bekennen, sich rechtfertigen, äußern und solidarisieren: Wo ein Stuhl ist, ist eine Beichte. Meine Problemzonen, mein Kontostand, mein Zyklus, mein Alter … Bin ich schon in den Wechseljahren, habe ich Beschwerden? Habe ich Kinder, bereue ich es, warum, wenn nein, wieso? Fühle ich mich langsam zu alt für eine große Karriere, leidenschaftlichen Sex, den kurzen Rock, die langen Haare? Bin ich gebotoxt? Habe ich abgetrieben? Waxe ich meinen Intimbereich? Bin ich schon sexuell belästigt oder vergewaltigt worden? Womanleaks statt Wikileaks.

Nachdem endlich an die Öffentlichkeit kam, dass der mächtige amerikanische Filmproduzent Harvey Weinstein Frauen, die in Hollywood eine Rolle spielen wollten, sexuell genötigt und vergewaltigt hatte, rauschte der Hashtag

#metoo durch die sozialen Netzwerke. Damit sollte man sich selbst als sexuell belästigt oder missbraucht kennzeichnen, um das globale Ausmaß des Problems sichtbar zu machen. Ja, gut gemeint und gut, dass Schluss gemacht wird mit dem Schweigekartell.

Es gibt wohl keine Frau, die noch nie mächtig belästigt oder genötigt wurde. Aber habe ich deswegen eine politische Pflicht, mich darüber öffentlich und für alle Ewigkeit im Internet zu äußern? Das Innerste nach außen zu kehren wird verkauft als weibliches „Empowerment" – dabei ist es eine persönliche Grenzselbstverletzung. Das Schweigen der Männer ist offenbar okay. Die müssen keinen seelischen Offenbarungseid leisten.

Jane Fonda wurde in einem TV-Interview von der Moderatorin Megyn Kelly mit einem munter-hämischen „Wir müssen mal über Ihr Aussehen reden!" aufgefordert, über Art und Umfang vorgenommener Schönheitskorrekturen in ihrem Gesicht Zeugnis abzulegen. Robert Redford, der neben ihr saß und dessen Ikonengesicht sicher auch kein Naturereignis mehr ist, wurde nicht gefragt. Fonda darauf eiskalt: „Nein, da wollen wir jetzt nicht wirklich drüber reden." Finde ich großartig. Wäre mal ein Motto: Sei wie Jane!

Mir schweben grundsätzlich höhere Privatsphären vor – und die sollte man besser respektieren. „Bitte Diskretionsabstand halten", das gilt eben nicht nur für Warteschlangen vor dem Bankschalter.

Na, gut drauf?

Mittlerweile hasse ich es, wenn mich Freunde spontan in ihren Arm ziehen. Erfahrungsgemäß werden sie dann mit dem anderen Arm Dokumentationsselfies unserer Umarmung machen, auf denen sie strahlend lächeln und ich finster gucke. Wenn man sie bittet, das wenigstens nicht öffentlich hochzuladen, reagieren sie verständnislos bis verschnupft: „Wieso? So schlecht siehst du doch gar nicht aus." Danke! Neulich war ich bei einem Geburtstag, der mehrfach in verschiedenen Settings gefeiert wurde. In der Einladung wurde man bereits angewiesen, das Outfit bitte entsprechend abzustimmen. Die Gäste saßen stylish da oder tanzten fotogen mit erhobenen Armen oder umarmten sich eben dekorativ in querformatgerechten Dreiergruppen – als Teil der öffentlichen Inszenierung #birthdaygirl #soblessed #beautifulfriends. Ansonsten mussten sie sich um sich selbst kümmern, denn das Geburtstagskind war damit beschäftigt, mit virtuellen Freunden auf Social Media zu feiern und Glückwünsche auf Facebook zu kommentieren.

Fast jeder ist sein eigener Blogger geworden, und der Freundeskreis hat ungefragt als optische Garnierbeilage für Postings zur Verfügung zu stehen. Immer mehr Veranstaltungen müssen deshalb ohne mich stattfinden. Wenn man schon auf einem privaten Dinner das Recht am eigenen Bild einklagen und diese altmodische Haltung stundenlang verteidigen muss, lässt sich der Stimmungsschaden auch durch sehr viele Gin Tonics nicht mehr beheben. Ich möchte nicht am Morgen danach auf Facebook und Instagram ansehen müssen, wie offensichtlich genervt ich davon war, dass Gäste zu Paparazzi mutierten. Oder wie lustig ich mit vollem Mund kauend aussehe.

Es war einmal ein Privatleben und das war, wie alles Wesentliche, unsichtbar. Ich vermisse es. Im Berghain, dem untergründigsten Club Berlins, herrscht strenges Fotoverbot: Ohne Überwachung durch Kameras lebt und fühlt es sich intensiver. Ich bin nicht spießig, sondern exklusiv! Denn für eine Handvoll Likes ist nichts mehr heilig: Im Internet werden Videos geherzt, in denen einsame Opas weinend zusammenbrechen, weil man sie mit einem Hundewelpen überrascht; andere filmen, wie ihre Kinder ausrasten, weil sie kein neues Geschwisterchen wollen. So rührend oder lustig das ist – ich will es nicht sehen. Wie kann man seine Angehörigen derart der Öffentlichkeit preisgeben? Ist das nicht rechtlich wie moralisch falsch? Ich würde mich so gedemütigt fühlen, wenn ich einen Wutausbruch bekäme und meine Kinder das filmen und mit der Überschrift „LOL! Mama-Kernschmelze" in die ewigen Google-Jagdgründe schicken würden.

Längst dem „Bravo"-Alter Entwachsene arbeiten an ihrem Leben als Foto-Story. Liebende erwählen einander nach ihrer Instragram-Tauglichkeit als Paar. Kinder dürfen nicht mehr ungestreetstylt auf den Spielplatz. Nur ich bleibe hart: Nein, ich habe kein Foto für dich! Ich bin kein Kleindarsteller in deiner Social-Media-Inszenierung. Können wir bitte trotzdem Freunde bleiben?

Hab's so satt

Möglicherweise bin ich ein Naturwunder, denn ich wuchs gesund auf eine Länge von 175 Zentimetern heran, ohne eine einzige Avocado zu essen, die mittlerweile Brot, Butter und Milch als Grundnahrungsmittel abgelöst hat. Wir hatten weder Papayas, Süßkartoffeln, Mangos noch Matcha auf dem Speisezettel. Infekte heilten ohne Ingwershots oder Kurkuma aus und kein Mensch fermentierte Kombucha. Wir aßen von Tellern, nicht aus Futterschüsseln, neuerdings „Bowls" genannt. Essen sollte satt machen und super schmecken; Superfood musste es nicht sein.

Heute wetteifern nicht nur Food-Bloggerinnen um die Neuentdeckung der seltsamsten und teuersten Zutaten. Man macht daraus natürlich auch kein einfaches Essen mehr, sondern heilt Körper und Geist oder richtet zumindest die Regale seiner privaten Showküche damit ein. Darin wird kaum gekocht und wenig gekaut, nur kalt gepresst, gemixt und geschluckt. Ich fürchte, die Evolution verzichtet beim Hipster künftig auf Zähne: Die werden nur noch zum Bleachen und Blecken gebraucht, bevor man kindisch seinen Apfel-Spinat-Kokoswasser-Smoothie nuckelt. Ich ekle mich ja vor dieser undefinierbaren Pampe. Auch „Pudding" aus glibberigen Chia-Samen finde ich appetitlich wie Froschlaich. Und die Bedeutung von Kohl kommt mir total aufgebläht vor, egal in welcher Sprache er mir schmackhaft gemacht werden soll: „Kale ist ein Star unter den Gemüsesorten!", jubelt das Ernährungsportal „eatclever". Aha, also ein VIV – Very Important Vegetable. Zumindest stimmt, dass gesunde Ernährung ein schreckliches Theater geworden ist: Im Ensemble gibt es feste Größen, die jedes Rezept aufwerten – Brokkoli etwa. Komplizierte Charaktere wie Hanfsamen und Kokoswasser übernehmen kleinere Auftritte. Eier finden sich in der Rolle der Skandalnudel wieder – von allen geliebt, unheimlich wandelbar, aber mit durchaus ungesunder Seite. Sprossen sind als pathologische Keimfreunde seit dem Auftritt von Ehec beim Publikum durchgefallen.

Schwer verdaulich finde ich, mir plötzlich so viel über das Trendorgan Darm anhören zu müssen. Beim Espresso nach dem Dinner will ich nichts über die von Gwyneth Paltrow propagierten Kaffee-Klistiere hören. Typen, die ihre Bauchgefühle zum Gesprächsthema machen, scheiden für mich aus. Ich vergräme sie mit dem größten Schocker: Mein Leben lang trinke ich Wasser aus dem Hahn. Mein Vater war Geohydrologe für Wasserwerke und immer stolz darauf, dass Trinkwasser in Deutschland eines der am besten überwachten Lebensmittel ist, dessen Reinheit nur durch alte Leitungen im Haus getrübt werden kann. Doch nun schwappt die neuste Welle aus Hippie-Kalifornien rüber: „Raw Water", unbehandeltes Wasser – wird an öffentlichen Flüssen abgefüllt und damit beworben, frei von Fluor und Chlor zu sein. Voll lebendig und bio! Das sind Fäkalkeime allerdings auch. Die Flaschen zu 31 Dollar sind dauernd ausverkauft: Zumindest dieser Trend wird sich wohl totsaufen.

Rosa rosa

Vorhin beim Umräumen fand ich mein ledergebundenes Poesiealbum wieder. Eine Art Facebook der analogen Urzeit: Man trug es in die Schule und gab es den Klassenkameradinnen mit nach Hause, die „Vergissmeinnicht! Deine Freundin Petra" hineinschrieben und ein Glanzbildchen dazu klebten. Wer war bloß Petra? Auch an Martin, der mir als juvenile Frühform von Mansplaining auftrug: „Mach es wie die Sonnenuhr, zähl die heit'ren Stunden nur", erinnere ich mich nur dunkel. Aber immerhin hatte er dafür auftragsgemäß mit seinem Schulfüller ein Sprüchlein abgeschrieben. Jungs, die sich brav in Poesiealben eintrugen, waren rar und leider nie die angesagten. Die spielten in den Pausen Fußball und waren viel zu cool dafür. Gedichte? Mädchenkram.

Die Zeiten änderten sich, doch noch heute sind vordergründig tiefgründige Lebensweisheiten weiblich: Die Slam-Poetin Julia Engelmann singt sich mit ihrem Programm „Poesiealbum" erfolgreich in Herzen. Erwachsene Frauen schicken sich im emotionalen Notfall gegenseitig pastellig hinterlegte Meme mit Trostsprüchen wie: „Niemand kann dich verletzen, wenn du es ihm nicht erlaubst!" Oder: „Lass los – wenn es dir gehört, kommt es zurück!" Echt, Leute? Glaubt ihr das wirklich? Mir gehen diese Versuche, sich einen romantischen Reim auf die Zumutungen des Lebens zu machen, zunehmend auf den Geist. Pfefferspray finde ich reizender als die Maßnahme, sich schwierige Lebenslagen oder gar Angriffe reflexhaft schönzureden. Dazu noch die Glanzbilder von heute: Fotos langhaariger Frauen in Shorts mit Strohhut. Strand geht auch immer.

Und wie viele nichtssagende Wortkombinationen ergeben bitte die Begriffe love, sister, fire, coffee, heart und dreams? Hab sie alle gesehen.

Ich habe einen männlichen Freund gefragt, ob Männer ebenfalls solche Motivationsbildchen austauschen. Er zögerte, dann sagte er: „Eher was mit Sex. Oder Witze." Schlichte Unterhaltung statt Erleuchtung? Auch nicht erhellend, aber ohne Erziehungsauftrag. Deshalb, Schwestern: keine billigen Ratschläge oder rosige Anmahnungen von Dankbarkeit mehr! In Zeiten, in denen man hauptberuflich Zustände über den Zustand der Gesellschaft und der Welt kriegen kann, will ich lieber eine Revolution als ein Dankbarkeitstagebuch führen. Mich nicht wie das Veilchen im Moose damit bescheiden, achtsam mein Glück in den kleinen Momenten zu finden. Fordert mich bitte nie mehr auf, statt meiner Blessuren meine „Blessings" zu zählen!

Gerade erst haben kanadische Forscher meine Ahnung bestätigt: In der Studie mit dem vielsagenden Titel „On the reception and detection of pseudo-profound bullshit" konnte erstmals ein Zusammenhang zwischen minderer Intelligenz und einer Vorliebe für Pseudoweisheiten nachgewiesen werden. Manchmal sind dumme Sprüche aber tatsächlich hilfreich. Wenn mir Menschen, die auf dem Titelbild ihres Facebook-Profils „lebe – liebe – lache" platziert haben, Freundschaftsanfragen stellen, weiß ich sofort: Das wird nichts mit uns.

Innen-Ansicht

Lieber Leser! Wie – Sie sind eine Leserin? Egal, es hieß schon immer „der Leser", da sind die Frauen natürlich mitgemeint. Zumindest das Bundesverfassungsgericht ist dieser Meinung und schmetterte eine Klage der 80-jährigen Marlies Krämer ab, die in Briefen von ihrer Sparkasse nicht mit „Kunde", sondern endlich als Kundin angesprochen werden will. „Ist es diese Sektiererei von Randfiguren wirklich wert, die Sprache Goethes und Schillers zu verhunzen?", maulte einer von vielen Kommentatoren des Themas im Internet. Neee, der Kunde bleibt König! Frauen dürfen sowieso erst seit 55 Jahren ein eigenes Konto haben, wieso jetzt überstürzt reagieren? Ich dachte ja, dass Sprache allen gehört. Und die weiblichen Randfiguren stellen immerhin die Mehrheit der Menschheit. Aber tatsächlich gilt immer noch: Männer schreiben Literatur und machen Nachrichtenmagazine, Frauen schreiben Frauenliteratur und machen Frauenmagazine. Der Männerkörper gilt in der Medizin als herrlicher Maßstab – Frauen werden wie kleine Männer mitbehandelt, bekommen Medikamente, die ihren Körpern nicht bekommen. Bei Herzinfarkten zudem seltener einen Rettungswagen, aber häufiger eine Überweisung zum Psychotherapeuten. Männerbeschwerden werden ernst genommen; Frauen ermahnt, weniger empfindlich zu sein. In einem Wartezimmer las ich dann im Magazin der „Süddeutschen Zeitung" ein Interview zum Thema „Wie Menschen ein erfülltes Leben gelingt". Darüber diskutierten ein Redakteur und der amerikanische Psychiater George Vaillant, Leiter der seit 75 Jahren laufenden „Grant-Studie". Ich fühlte mich leider kaum angesprochen, denn die Menschen, deren Lebensläufe vom Studium bis zum Ruhestand begleitet und analysiert wurden, waren 268 Harvard-Absolventen ab Jahrgang 1910. Weiße, intelligente, privilegierte Männer. Vaillants Fazit: „Im poetischen Sinne ist Glück, in sein Ferienhaus zu kommen und die Wäsche sauber und ordentlich gefaltet vorzufinden. Und dabei von vier liebenden Kindern und sechs liebenden Enkeln umgeben zu sein."

Aha. Die Studie erforscht also nur die Bedingungen für ein glückliches Männerleben. War die Urbesetzung historisch verständlich, hätte man für Allgemeingültigkeit spätestens ab 1975 weibliche Lebenswege einbeziehen müssen, als Frauen endlich in Harvard studieren durften. Findet Vaillant rückblickend auch, gemacht hat er es trotzdem nicht. Vielleicht hätte der Professor wenigstens seine Frau befragen sollen, aber die war wohl damit beschäftigt, die liebenden Kinder und Enkel großzuziehen, an denen sich ihr Mann in sicher nicht selbst gebügelter Wäsche im Ferienhaus erfreut. Die gesamte Geschichte der Emanzipation, von wirtschaftlicher und körperlicher Selbstbestimmung, fiel dem Herrenklub unter den Tisch. Ich bezweifle, dass im umgekehrten Fall Männer eine Studie von Frauen über das erfüllte Leben von Frauen wissenschaftlich relevant und auf ihr eigenes Leben übertragbar befänden. Nein, mitgemeint ist nicht gut gemeint. Nur gemein.

Mach's selbst

Jeder kennt wohl diesen Albtraum: Man ist wieder Schulkind, steht einsam vorne an der Tafel und soll eine unlösbare Aufgabe lösen. Hinter einem lachen die Mitschüler hämisch, neben einem verzweifelt der Lehrer ... Wieder wach, ist man unfassbar froh, nicht mehr jung zu sein – um im Laufe des Tages festzustellen, dass diese Panik vor öffentlichem Versagen heute zum Alltag gehört.

Es war ein schleichender Prozess. Mein eigener Onlinebanker zu sein, daran habe ich mich mittlerweile gewöhnt. Aber ich stehe spätestens dumm da, wenn ich am Flughafen versuche, schnell am Automaten einzuchecken oder mir am Bahnhof selber eine Fahrkarte mit Umsteigen und Platzreservierung zum Besttarif zu erspielen. Während hinter meinem Rücken die Warteschlange meutert und ich mich Hilfe suchend umschaue, wippt in sicherer Entfernung ein Bahnangestellter und gibt gönnerhaft nach Montessori-Kindergartenart Hilfe zur Selbsthilfe: „Auf Abbrechen drücken – und dann einfach noch mal alles von vorne!" Selten kam ich mir blöder vor. Höchstens, als ich bei der Hilfshotline von O2 weinend darum bat, man möge jemanden schicken, der mir den aufgezwungenen neuen Router anschließt und konfiguriert: „Techniker? Ach was, das kriegen Sie hin, lesen Sie sich das einfach mal durch!" Und schon denkt man beschämt: Ich bin doch eine emanzipierte und selbstständige Frau, alle anderen schaffen das auch, als moderner Mensch MUSS ich das können! Aber ob man das überhaupt will, kommt einem vor lauter Stress gar nicht in den Sinn. Falls man beim Learning by Doing Fehler macht, kann man übrigens auch keinen dafür verantwortlich machen außer sich selbst. Schlimm!

Egal, dann bin ich eben der Klassentrottel. Kann sein, dass ich es erlernen könnte – aber ich will nicht alles selbst machen müssen. Ich habe schon einen Beruf; ich möchte nicht nebenberuflich noch unentgeltlich als Bahnangestellte, Kassiererin bei Ikea, Telekommunikationstechnikerin, Bankangestellte oder Bäckereifachverkäuferin herumstümpern müssen, indem ich unter Aufsicht Sachen einscanne, mein neues Handy konfiguriere und mir im Supermarkt Rohlinge aufbacke. Ich möchte ärztlichen Rat und Mitgefühl, statt mir per „Ada"-App Krankheiten zu diagnostizieren, solche Doktorspiele sind unsexy. Hört auf, mir die Servicewüste Deutschland als kreatives Do-it-yourself-Paradies zur Selbstverwirklichung zu verkaufen: Ihr wollt nur Geld und Arbeitsplätze sparen, auf Kosten meiner Zeit und Nerven.

Ja, ich stelle mich an – und zwar am liebsten vor einem Schalter mit echten Fachleuten dahinter. Mit denen ich sämtliche Fragen klären und noch ein paar nette Worte wechseln kann. Denn solche alltäglichen Mikrokontakte machen laut einer Studie ein großes Stück Lebensglück aus.

Heimlich träume ich von Tankwarten, die nebenbei den Reifendruck prüfen und die Scheiben wischen. Dafür kriege ich in der Schule des Lebens vielleicht kein Sehr gut, aber ein Ausreichend ist mir an dieser Stelle gut genug.

Nachtreten

Als ich bei schönem Wetter gefragt wurde, ob ich Lust auf einen Radausflug hätte, sagte ich freudig zu, zog ein im Fahrtwind malerisch flatterndes Kleid an und packte ein Picknickpaket in das Körbchen meines Hollandrades. Danach ging es bergab – leider nur im übertragenen Sinn. Anscheinend gibt es heute keine Radtouren mehr unter 60 Tageskilometern, denn Männer brauchen ein Fernziel. Früher kauften sich Kerle in der Midlife-Krise einen Porsche. Heute muss es ein sauteures Rad sein, das allen zeigt, was für eine Maschine sie selbst sind. Und natürlich dazu die komplette Ausstattung: den Alien-Helm, die Puck-Brille und die Radrennshorts, die nach Heidi Klums Bodypainting-Challenge aussehen. Ich wusste gar nicht, wo ich zuerst wegsehen sollte.

Aus der Tour d'Amour wurde eine Tortour. Als ich mich bei Kilometer 13 einen weiteren Hügel hochquälte, überholten mich zudem mühelos einige höhnisch grinsende Rentner. Dass das nicht an der Doppelkraft der zwei Herzen lag, sondern an ihren E-Bikes, der Harley des alten Mannes, dämmerte mir erst, als meine Laune sowie meine Kondition einen Platten hatten. Durch Rentner auf E-Bikes haben Verkehrsunfälle zwischen 2015 und 2018 übrigens massiv zugenommen. Unfallforscher Siegfried Brockmann sagt: „Viele ältere Menschen fahren durch die Unterstützung des Elektromotors viel schneller, als es ihre Fähigkeiten eigentlich erlauben." Im Stadtverkehr ist es allerdings für alle schlimm. Da hier der Platz immer knapper wird, haben die Verkehrs- planungsbehörden einfach aufgegeben. Statt die

Stadt fahrradtauglich zu machen, bleibt nach jahrelangen Straßenumbauten nur noch undefinierter, zubetonierter „Shared Space", was auf gut Deutsch „Das Recht des Stärkeren" heißt und „die Kommunikation unter den Verkehrsteilnehmern ermutigen" soll. Ich sag mal so: Wenn man aggressives Dauerklingeln und „Ich hol dich gleich da runter, du A…" für Kommunikation hält, dann ist das Konzept gelungen.

Fahrradfahrer waren immer die Guten, die Gemütlichen, schonend für Natur und Nerven. Jetzt fahren die meisten wie Unfälle auf der Suche nach einem Ort, um sich zu ereignen. Zwischen fahr lässig und fahrlässig liegt nur eine Pedalumdrehung: Da gibt es jene, die freihändig fahren und dabei noch auf ihrem Handy tippen. Dann ist da der Hipster mit Sternzeichen Rennrad, das so filigran und wunderschön wie eine Tuschezeichnung ist – und ebenso verkehrsuntüchtig. Was nicht schlimm ist, da es selten von der Wandhalterung auf die Straße kommt. Auch oft hinter mir: der Hobbyprofi, der dauernd linksrechtslinksrechts am Schalten ist. Wartet man an einer roten Ampel, zieht der Gängeprotz im Stehen an einem vorbei und über die Kreuzung, als wäre die extra für ihn gesperrt worden. Vom Bürgersteig drängt einen dagegen selbstgerecht die Scandi-Muddi ab, die auf Auspuffhöhe einen kleinen Wohnwagen vor sich herschiebt, in dem drei Kinder und ein Hund hocken. Puh. Und ehrlich? Mein nächstes Date wird ein Spaziergang.

Zug Zug Zug

Jemandem die Gefühlslage und entsprechenden Absichten auf den ersten Blick ansehen zu können ist eine überlebenswichtige Fähigkeit, die uns aus der Steinzeithöhle in die Gegenwart gerettet hat. Mimik ist quasi die Ursprache der Kommunikation – ein wütender, ängstlicher, entspannter, angeekelter oder trauriger Gesichtsausdruck sollte Mitmenschen über sämtliche Sprachgrenzen hinweg verständlich sein. Ebenso wie die richtige Reaktion darauf: „Hau ab!", „Hau zu!" oder „Lächle zurück!". So dachte ich jedenfalls, bis mir dauernd Seminare zum Thema „Mimikresonanz" für „privaten und beruflichen Erfolg" angeboten wurden. Erst hielt ich das für einen Scherz: Zu verstehen, wie der andere sich fühlt, soll die „Beziehungsqualität verbessern"? Wow, wer hätte das gedacht!

Ich zog überrascht die Brauen hoch, als ich weiterlas, dass die richtige „Emotionserkennungsfähigkeit" nur noch bei 62,7 Prozent liegen soll. Nahezu jeder zweite Gesichtsausdruck wird also übersehen oder falsch gedeutet. Schuld daran ist mal wieder das Internet: Die Digitalisierung zerstört unsere Fähigkeit, die Stimmung anderer Menschen live und unkommentiert deuten zu können. Es fehlt an Übung, da Leute auch in Gesellschaft mehr auf ihr Handy gucken als anderen ins Gesicht. Abgeschirmt durch unsere Bildschirme verkümmern wir empathisch zu Analphabeten. Schauspieler müssen sich darstellerisch demnach keine große Mühe mehr machen: Goutierte man einst jede feine Gesichtsregung, schmeckt man heute dramaturgisch nur noch süß oder sauer heraus. Mimisches Fast Food. Und sogar das wird durch den flächendeckenden Einsatz von Botox und Fillern immer schwieriger: „Zwischen den Zeilen"-Lesen – between the lines! – fällt flach.

Das Pokerface, das man früher eben nur zum Pokern aufsetzte, ist nun Standard. Sich bloß nie emotional in die Karten gucken lassen! Das lässt nicht nur Babys verzweifeln, die auf nonverbale Kommunikation angewiesen sind. Doch mit Gefühlen kann die Menschheit immer weniger umgehen, seit hauptsächlich digital kommuniziert wird. Viele Paare zoffen sich nicht mehr live, sondern schriftlich und emotional entfettet über WhatsApp: Gefahren wie Tränenausbruch, Zorn oder der Traurigkeit in den Augen des anderen möchte sich niemand mehr aussetzen müssen. Der Satz „Du hast doch was, das sehe ich dir an!" gehört bald der Vergangenheit an. Emotionsspurenlesen stirbt aus. Wie sollte man denn auch die Grundlagen lernen? Wer anderen in der Bahn länger ins Gesicht blickt, gilt schon als Perverser. Andererseits wird beklagt, dass jeder so isoliert lebt.

Ich sollte eine Art „Emotions-Shazam" zur Gesichtserkennung erfinden und reich werden: Im Zweifelsfall könnte man einfach per Handy die Gesichtszüge des Gegenübers scannen und darin enthaltene Gefühle in verständliche Emojis übersetzen lassen. Und während ich noch über diese absurde Idee lache, google ich weiter und meine Gesichtszüge entgleisen: Die „emotion engine" ist bereits erfunden. Entsetzter Smiley. Trauriger Smiley.

Arbeits-Platzangst

Alle Jahre wieder, wenn die Tage kurz und dunkel wurden, quälte mich diese Fantasie: ein fester Arbeitsplatz mit Festgehalt in einem Büro. Ein gemütliches Zimmer mit Pflanzen, großem Bildschirm zum Abschirmen, schönem Ausblick und dem Anblick einer lieben Kollegin, die ich in unserem Zweierzimmer beim Schreiben nach Synonymen fragen könnte, ehe wir um 13 Uhr in die Kantine bummeln würden. Diesen Spätsommer erhörte mich das Universum und lieferte ein Angebot, das ich nicht abschlagen konnte.

Okay, die Räume dort waren etwas anders als in meiner Vorstellung. Genau genommen war es ein puristischer Riesenraum. Ein Glashaus, ohne Pflanzen. Mein Arbeitsplatz eine Leerstelle an einer der langen Tischzeilen. Es war auch nicht mein, sondern ein Platz – immer schön flexibel bleiben. Für Gespräche und Telefonate, die nicht alle mithören sollten, gab es eine schalldichte Glaskabine, sodass jeder einem beim Reden zusehen konnte. Ich flüchtete zur Toilette und wünschte mir eine Creme mit Sichtschutzfaktor 100. Dann ging ich an die Arbeit und doppelbelastete mich damit, eine sichtbar fröhliche, produktive Arbeitskraft darzustellen.

Ich kam mir vor wie im Film, natürlich im falschen. Mit mehreren Tonspuren zudem, da ich jedes Gespräch und Geräusch auf dieser Etage zwangsläufig mithören musste. Die Profis an der Arbeitstafelrunde versuchten sich durch dicke Kopfhörer auszublenden und wirkten damit wie eine Mischung aus DJ und Autist. Aus der Hirnforschung und aus Bibliotheken ist bekannt, wie wichtig Stille für die Konzentration ist, akustische Dauerreizung überlastet den präfrontalen Kortex. Das erschwert es, Probleme zu lösen und Entscheidungen zu treffen. Oder war ich einfach zu kleingeistig für ein Großraumbüro? Nein, eine aktuelle Studie aus England gibt mir recht: Dafür wurde eine Firma beim Umzug von traditionellen Büros ins Großraumbüro psychologisch begleitet. Überraschendes Ergebnis: Frauen leiden im open space deutlich. Ihr Aussehen und Auftreten steht traditionell stärker unter Beobachtung und Beurteilung; im Großraumbüro nun erst recht. Sie schminkten sich stärker, verwendeten mehr Zeit und Geld auf ihr alltägliches Styling und kleideten sich geschäftsmäßiger (Blazer statt Strickjacke), da ihr hierarchischer Status nicht mehr durch Zimmer mit Namen und Titel an der Tür deutlich wurde. Auch vermissten sie schmerzlich einen Schutzraum, um im emotionalen Krisenfall unbeobachtet Gespräche zu führen, unkommentiert scheiße auszusehen oder einfach zu weinen.

Als ich nach einem jahrelangen Tag das Großraumbüro verließ, sagte ich für den Abend die Geburtstagsfeier einer Freundin ab, auf die ich mich so gefreut hatte. Ich konnte kein Gespräch mehr hören oder führen. Wollte nur noch herumliegen. Vor Kurzem habe ich gelesen, dass jeder Zweite mittlerweile zu erschöpft ist, um nach der Arbeit ein Privatleben zu führen. Jenes Jobangebot habe ich noch am nächsten Tag abgesagt. Aber keine private Verabredung.

Schlaf. Mit. Mir

Die künstliche Intelligenz scheint in dem Maße zuzunehmen wie die menschliche abnimmt. Denn scheiß auf Klimawandel, Mietexplosion und Umweltschutz – die FDP stellte die drängendste Anfrage im Bundestag: Ob Ärzte künftig Sexroboter verschreiben könnten und das von den Krankenkassen übernommen würde? Die Antwort: Nein. Bisher jedenfalls.

Auf eigene Kosten bekommen allerdings immer mehr Männer den klassischen Satz „Ich komme wieder!" zu hören. Nicht vom Terminator, sondern von lebensecht anmutenden Silikonpuppen, die sich ohne Diskussion in sämtliche Öffnungen penetrieren lassen, die Roboterbauer wie die US-Firma Realbotix ihnen gegeben haben. Der Sexautomat hat nie seine Tage oder Launen, petzt auch noch kein #metoo ins Internet und mäkelt also nicht an den Gepflogenheiten noch der Gepflegtheit des Puppenspielers herum.

Wenn man sich allerdings in Internetvideos humanoide Killerautomaten wie „Atlas" von Boston Dynamics ansieht, kann nur ein Mann naiv genug sein zu glauben, solche Maschinen würden harmlos, sobald man ihnen eine lange blonde Perücke überstülpt und Kulleraugen statt roter Lampen einsetzt.

Man kann Roboterpuppen übrigens per App fernsteuern. Und Mann kann froh sein, wenn die Exfrau keine Hacker-Fähigkeiten hat. Sonst knallen der künstlichen Sexarbeiterin irgendwann vielleicht sämtliche Sicherungen durch. Über die Folgen wollen wir lieber nicht nachdenken.

Ethiker diskutieren bereits über Menschenrechte für Roboter. Finde ich wichtig – erst nachdem es endlich weltweit Menschenrechte für Frauen gibt. Aber weil Männer gern von sich auf andere schließen, kam als ihr Beitrag zur Gleichberechtigung nun die erste Männerpuppe für gewisse Stunden auf den Markt. Kostet 15 000 US-Dollar (die sicher auch von keiner Krankenkasse gedeckt werden). Ich halte das für kein gutes Geschäft: Erstens ist das Sexualverhalten von Männern oft roboterhaft genug. Zweitens stehen Frauen nicht darauf, sich was vorzumachen. Bei Vibratoren weiß jede, dass das praktische Hilfsmittel zur Selbstbefriedigung sind, die in jede Nachttischschublade passen. Warum so tun, als ob am Vibrator ein echter Kerl dranhinge? Der killt sämtliche Fantasie und macht aus gemütlichem Alleinsein Einsamkeit. Denn der Unterschied zu einem Partner, der freiwillig mit einem kopuliert, ins Restaurant und ins Kino geht, der einen zum Lachen bringt, tröstet und den man Weihnachten mit zu den Eltern nehmen kann, wird damit umso schmerzhafter deutlich.

Nein, sollte ich je „Du Sexmaschine" sagen, dann zu einem echten Mann. Frauen wollen Roboter, die lästige Arbeiten übernehmen, die Männer immer noch nicht mit ihnen teilen wollen: feucht durchwischen zum Beispiel. Aber auf Putzen haben nicht einmal Maschinen Lust. In Wien hing eine Suchanzeige am Laternenpfahl: „Vermisst! Finderlohn! Unser Staubsaugroboter ist durch die offene Tür ins Freie gelangt und seither verschwunden." Und das finde ich nun wieder total menschlich.

Plötzlich Stier

Zuerst klang es wie eine gute Nachricht: „Ich habe beim Kramen deine Geburtsurkunde gefunden", sagte meine Mutter. Nach ihren bisherigen Erinnerungen war ich „gegen Mittag" zur Welt gekommen. Sie hatte diese Sternstunde allerdings auch in Vollnarkose verschlafen. Nun hatte ich meine genaue Geburtszeit: 12:15 Uhr.

Ich war begeistert. Als nach außen hin skeptische, aber innerlich gläubige Horoskopleserin (als typischer Zwilling schlummern eben zwei Seelen in meiner Brust) hatte ich schon immer wissen wollen, was mein Aszendent ist. Also eilte ich zu einer astrologisch versierten Freundin. Sie trug sämtliche Daten in ein Computerprogramm ein, rechnete hin und her. „Und?", fragte ich gespannt. „Also, dein Aszendent ist Jungfrau", sagte sie. „Was?", rief ich enttäuscht, „Jungfrauen mag ich gar nicht: sachlich, ordentlich, pingelig!" Sie blickte mich mitfühlend an wie ein Arzt, der nicht weiß, wie er eine schlechte Nachricht schonend vermitteln soll. „Und … nach deiner Geburtsurkunde bist du auch kein Zwilling, sondern gerade noch im Sternzeichen Stier geboren." Ich sah rot: „Das ist unmöglich", schnaubte ich, „Stiere sind träge, cholerisch und starrköpfig!"

Nachdem wir eine weitere Stunde vergeblich versucht hatten, die Diagnose umzurechnen, trabte ich schwerfällig aus ihrer Tür. Ich wollte das Horror-Skop als Quatsch abtun, aber wie, da heute sogar Firmen das Karrierepotenzial ihrer Mitarbeiter nach deren Sternzeichen von astrologischen Unternehmensberatern bestimmen lassen? Der Aussage „Die Sterne beeinflussen unser Leben" stimmen in Umfragen jede dritte Frau und jeder sechste Mann zu – ich heimlich auch. Nun hatte ich eine astrologische Identitätskrise: Musste ich mich outen? Was würden meine ganzen Zwillingsseelenfreundinnen sagen, mit denen ich jeden Dezember die schönsten Horoskope austausche? Und was war mit meinen Wassermannfreunden, mit denen ich wie alle Zwillinge eine kosmische Connection habe? Müsste ich mir einen völlig neuen Freundeskreis aus streberhaften Steinböcken, bockigen Widdern und überempfindlichen Fischen suchen?

Ein dänisch-deutsches Forscherteam der Universität Aarhus hat allerdings gerade die Daten von 15 000 Menschen analysiert, ob deren Persönlichkeit mit ihrem Geburtsdatum und Sternzeichen zu tun hat. Die Wissenschaftler fanden keine Hinweise auf einen Zusammenhang. Höchstens die Tendenz, dass sich Menschen gemäß ihrem Glauben entwickeln, wie sie laut Sternzeichen zu sein hätten. Wäre also mein Leben völlig anders verlaufen, wenn ich mich nicht in selbstprophezeiendem Handeln wie ein typischer Zwilling (ambivalent, eloquent, kreativ), sondern wie ein Material Stiergirl verhalten hätte? Dann wäre ich heute vielleicht schwerreich und säße bei Rotwein behäbig in meinem siebten Haus. Ich stierte vor mich hin. Dann beschloss ich, stur zu schweigen. Künftig werde ich beide Horoskope lesen und das bessere davon glauben. Die Sterne scheinen keine großen Leuchten zu sein.

Nicht annehmbar

Gehe ich recht in der Paketannahme, dass große Teile des Welthandels über meinen Wohnungsflur laufen? Dieser liegt güterverkehrsmäßig perfekt im Erdgeschoss eines Mietshauses mit zwölf begeistert onlineshoppenden Parteien, die allerdings selten zu Hause sind. Dass ich tagsüber zuverlässig im Homeoffice festsitze, macht mich zur Traumfrau aller Paketboten und zum „Lieblingsnachbarn" von Unbekannten im Umkreis von einem Kilometer. Es klingelt andauernd in meinen Ohren wie ein schwerer Fall von DHL-Tinnitus – und UPS, Hermes ist mein Hausgötterbote. Das ist derart öde, dass ich schon hoffe, zur Abwechslung wäre mal jemand an der Tür, der mit mir über Gott reden wollte oder zumindest meine Messer schleifen.

Früher waren Pakete etwas Besonderes. Sie kamen zum Geburtstag oder vor Weihnachten. Durch E-Commerce brandet die Paketflut mittlerweile alltäglich gegen meine Pforte. Jährlich werden in Deutschland gut drei Milliarden Pakete hin- und hergeschickt, für 2020 erwartete man 3,8 Milliarden. Fast 80 Prozent der bestellten Sachen werden übrigens zurückgeschickt – Wahnsinn! Es ist also ein einziges Paketaufkommen und -gehen. Ich weiß, jeder hat sein Päckchen zu tragen – aber ich eben auch die der gesamten Nachbarschaft. Bis jetzt. Einiges ist für mich einfach nicht mehr annehmbar: Etwa, wenn Leute aus dem Haus ihre Pakete trotz Benachrichtigungszettel tagelang nicht abholen. Pakete, für die ICH durch meine Unterschrift übrigens so lange rechtlich verantwortlich bin. Neulich hörte ich die eine im Hausflur und riss die Tür auf: „Bei mir liegt noch ein Paket für euch!" Sie, lässig: „Ja, habe ich schon gesehen." Und verließ das Haus. Der Name kam bei mir direkt auf die schwarze Liste.

Ja, auch mir tun die Paketzusteller leid. Ich weiß, wie stark sie für Niedrigstlöhne unter Zeitdruck stehen, und versuche meistens, behilflich zu sein. Doch ich will mich auch nicht als einkalkulierter UM (unfreiwilliger Mitarbeiter) von DHL ausbeuten lassen. Und die Methoden werden rauer. Ein Bote klingelte Sturm, rief euphorisch: „Paket für Sie!" Ich öffnete die Tür zu meinen heiligen Lagerhallen. „Aber das ist doch gar nicht für mich!", rief ich dann enttäuscht. „Ist für Ihre Nachbarn!", sagte der Mann eindringlich und schob die drei Pakete mit sanfter Gewalt wieder über die Hemmschwelle in meinen Flur. Wie jede Frau habe ich Schwierigkeiten, Nein zu sagen, aber da reichte es mir: „Nein, ich will nicht!" Der Paketbote schaute mich finster an: „Aber das ist für NACHBARN!" Ich: „Ja, dann müssen die das wohl von der Post abholen." Er griff sich in Zeitlupe die Pakete und setzte in verächtlichem Tonfall den stärksten Hebel an: „Du bist keine nette Frau." Dann wartete er zufrieden auf meinen mentalen Einbruch. Und der kam: „Weißt du was, Junge? Deine Meinung ist mir scheißegal! Stell dich da mal ganz hinten an, in die Schlange hinter meinem Exmann!", rief ich unbeherrscht. Und knallte die Tür zu. Mein Schalter bleibt ab sofort geschlossen.

Grüne Daumenschrauben

Ich stehe hilflos davor und schreie sie an; kann mich nur schwer beherrschen, sie nicht auch noch zu schütteln. „Warum, was fehlt dir denn? Sag es mir bitte! Ich mache doch alles, damit es dir gut geht! Du hast doch Luft, Liebe, Licht und Wasser!" Das Bäumchen schweigt zurück und lässt passiv aggressiv ein weiteres Feigenblatt mit braunen Flecken darauf fallen. Ich werde noch wahnsinnig. Echt, das war mein letzter Versuch, „die Natur ins Haus zu holen und einfach aufzublühen". Grünpflanzen im heimischen Ambiente sollen entspannen? Haha, dass ich nicht lache.

Wie ist es nur möglich, dass da draußen „Die Natur" mit unverwüstlichen Superkräften sogar Asphalt sprengen kann, meterhohe Birken aus dreckigen Regenrinnen emporsprie-ßen, Blumenfelder an Autobahnrändern blühen, die Flora sofort Beete und ganze Städte überwuchert, wenn man sie nicht permanent ausrupft? Aber kaum bei mir zu Hause, mickert und mäkelt jede Pflanze permanent herum: „Wäääh, ich habe nasse Füße! STAUWASSER! NICHT von oben gießen, nur unten ins Schälchen ... Das war jetzt ein BISS-CHEN zu viel Wasser und zu kalkhaltig ist es auch und nicht abgestanden genug ... jetzt zu wenig Licht ... da zu viel Sonne, hier zieht's, bäh, was ist das für eine ekelhafte Erde, hast du die etwa wieder im Baumarkt gekauft, statt im Gartenbaufachbedarf für den vierfachen Preis, da gibt es doch Spezialmischungen und bitte nun etwas Wassernebel aus dem Pumpzerstäuber für meine Blätter ..." Da fasst man sich doch an den Topf.

Von wegen Mutter der Pflanzen! Dabei sollen doch gerade Frauen ein Naturtalent für Care-Arbeit haben. Die Insta-Welt ist voller „Plant-Ladys", die in einer glücklichen festen Beziehung mit ihren vielen Pflanzen leben. Alles Naturkinder, die nicht nur einen grünen Daumen haben, sondern zehn grüne Finger. Bei denen gedeiht und sprießt einfach alles, untereinander tauschen sie Ableger aus. Sie leben quasi in grünen Höhlen, hocken in Wohnzimmern wie Dschungelcamps, statt Tapeten ranken sich Efeututen über die vier Wände und es gibt extra Möbel für die grünen Mitbewohner, die sich auf Bänken und Hockern symbiotisch zu kleinen Biotopen gruppieren. Da wachsen und gedeihen sie problemlos und fressen zum Dank sogar noch die Formaldehyde aus der Luft über den Sperrmüllmöbeln.

In mir wächst das schreckliche Gefühl, Grünpflanzen wirken wie ein Charaktertest: Bei guten, fürsorglichen Frauen wuchern sie eben einfach, bei bösen Frauen welken sie dahin und bekommen braune Stellen. Hätte ich nicht bereits mehr oder minder erfolgreich zwei Kinder großgezogen, würde mein Pflanzenorakel mir sicher davon abraten, einen komplizierteren Organismus als ein Bärtierchen bemuttern zu wollen. Vielleicht liegt es auch daran, dass ich als Kind mal in dem Film „Die Körperfresser kommen" gesehen habe, wie Zimmerpflanzen Menschenkörper übernehmen und sie in Zombies verwandeln. Ich traue ihnen nicht – und sie mir nicht.

Nein, wir werden nicht mehr blattgrün miteinander: Heute Abend setze ich die Feige mit dem Schild „zum Mitnehmen" vor die Tür.

Du bist dran ...

Seit Monaten wird mir spielend mein Sozialleben versaut. Nachdem ich hoffte, mit nun großen Kindern allen Teilnahmeaufforderungen zu „Obstgarten", Tierbaby-Memory, „Uno", „Mensch ärgere dich nicht" und „Monopoly" glücklich entwachsen zu sein, hat das Spielfieber meinen erweiterten Freundeskreis gerade erst richtig gepackt. Ich werde nicht mehr zum Essen eingeladen oder zum Ausgehen aufgefordert, sondern zu einer Runde „Exit" oder komplizierten Rollenspielen, die allerdings nichts mit Sex zu tun haben. Sogar die alten „Siedler von Catan" sind kein „Tabu" mehr: Jeder veranstaltet zu Hause so einen richtig gemütlichen, analogen Spieleabend.

Mit Verlaub: Spieleabende sind erfahrungsgemäß nie gemütlich. Egal, welche Altersklasse am Tisch sitzt – irgendeiner heult immer, schmollt oder schummelt, zweifelt lautstark die Regeln an, verbaselt die Würfel, kann nicht verlieren (okay, ich) oder gibt sich im Team zu wenig Mühe. Ist Alkohol im Spiel, verschärft sich der Ton: „Gott, war das dumm von dir!", „Typisch – du hast doch einfach immer nur Glück" ... Ist alles nur ein Spiel, aber das ist gefälligst todernst zu nehmen. The winner takes it all! Und keiner darf den Tisch verlassen, ehe die Spielrunde vorbei ist – wobei allein das offizielle Verlesen des Regelwerks oft schon zwei Stunden dauert, ehe die Ausnahmen von der Regel folgen. Mein Gehirn schaltet dabei zuverlässig ab wie einst im Mathematikunterricht. Ich entwickle keinen Ehrgeiz und auch keine Strategie. Ich bin dran, ich muss da irgendwie durch.

Ist das Spiel dann endlich aus, fordert aber garantiert einer „Revanche!". Dantes Hölle ist dagegen ein Bällebad.

Dass ich beim Memory gegen die Kartentürme meiner Kinder beschämend tiefstapelte, ist harmlos verglichen mit der Zwickmühle, in die man sich begibt, wenn man mit Erwachsenen spielt: Bei besonders beliebten Kommunikations-Games wie „Sag mal – Mädelsabend" oder „Vertellis", mit denen man sich und die anderen so richtig intensiv kennenlernen und ins Gespräch kommen soll, kann man seinen guten Ruf nachhaltig verspielen. Jeder zieht dazu Fragekarten und muss dann Rede und Antwort stehen: „In welchem Alter hattest du zum ersten Mal Sex?", „Was sind deine geheimsten Träume?" … Wahrheit ist dabei Pflicht. Wem das zu privat wird, der ist suspekt. Bei diesen Verhören gibt es nichts zu gewinnen, außer abgrundtiefe Einblicke in Vergangenheit und Psyche von Mitspielern, auf die man gern verzichtet hätte. Zumal man den Spielkameraden vielleicht schon morgen irgendwo wieder begegnet und die Einblicke nie mehr vergisst.

Hier noch zwei total ungerechte und doch gültige Regeln: Verspielte Frauen gelten als sexy und jugendlich, verspielte Männer als unsexy und kindisch. Aber: Männer, die nicht verlieren können, sind eben ehrgeizig, Frauen, die nicht verlieren können, sind einfach Zicken.

Die Jahreszeit ist mein Joker. Ich setze jetzt auf den natürlichen Feind jeder Spielrunde: lange Sommerabende! Ich bin draußen.

Neue Heimat

Scheidungen gehen in den Großstädten statistisch zurück. Ich will ja nicht zynisch sein, aber ich kenne den wahren Grund: Paare, die in den Ruinen ihrer Ehe koexistieren, weil keiner die geliebte Wohnung und den damit verbundenen Lebensstil verlassen mag oder kann. Denn wer in einer deutschen Stadt auf der Suche nach einer neuen Heimat ist, läuft überall gegen Wände. Seit Monaten versuche ich, meinen Haushalt downzusizen – ich kann es mir nur nicht leisten. Mein alter Mietvertrag ist so alt, er wurde noch in Deutschen Mark festgeschrieben. Würde ich nun etwas halb so Großes beziehen, müsste ich mindestens das Gleiche zahlen. „Lock-in-Effekt" nennen Fachleute das heutige Massenphänomen, wenn Menschen zu groß und zu teuer gewordene Wohnungen mangels bezahlbarer Alternative nicht verlassen können.

Mir geht es wie vielen: Meine einst vierköpfige Familie ist aus dieser Wohnung herausgeschrumpft. Erst der Mann, dann meine Tochter, die ein Studienplatz nach Süddeutschland zog, bald macht mein Sohn mit der Schule Schluss.

Schon jetzt leben bei uns in drei von fünfeinhalb Zimmern nur noch die Erinnerungen. Aber auch die wollen beheizt und geputzt werden! Neben den Mietpreisen explodieren die Energiekosten munter weiter – die Löhne aber sinken. „Wo wohnst du?" ist auf Partys das neue „Was machst du?". Dating ist vom Erregungsfaktor nichts gegen das erste Treffen mit einem Vermieter. Eine perfekte Bewerbungsmappe mit knackfrischer Schufa-Auskunft, Porträtfoto und sorgfältig ausgefüllten Selbstauskünften in kalligrafischer Handschrift sollte man immer dabeihaben; Profis mit vorzeigbarem Social-Media-Leben verweisen noch auf ihr Instagram- oder Facebook-Profil. Denn wie eine Freundin mir knallhart sagte: „Als alleinerziehende, freiberufliche Frau über 40 bist du auf dem Wohnungsmarkt nicht der Knaller, Hase!" Immerhin werde mir keiner mehr eine Wohnung gegen Sex anbieten, konterte ich optimistisch. Mittlerweile denke ich fast schon: Leider. Stattdessen sehe ich mir Wohnungen an, die dringend Anstriche sowie Abstriche an meinen Ansprüchen erfordern. Ich strecke mich finanziell, auch nach einer Decke ohne Stuck. Der Boden der Tatsachen muss längst kein Eichenparkett in Fischgrätmuster mehr sein. Wohngemeinschaften kommen für mich nicht infrage. Ich arbeite zu Hause, brauche Ruhe und die Freiheit, tagelang unansprechbar in einer Jogginghose am Computer zu sitzen und grenzwertige Musik zu hören. Ich weiß, ich bin immer noch privilegiert.

Schon 2016 glaubte die damalige Bundesbauministerin Babara Hendricks, eine Lösung gefunden zu haben: „Junge Berufstätige brauchen doch meist nicht mehr als 30 bis 35 Quadratmeter Wohnfläche, weil sie ja hauptsächlich zum Schlafen in ihren Wohnungen sind." Das erinnert an Verhältnisse wie in Schanghai, wo „Wuträume" beliebt sind, in denen wegen zu wenig Freiraum Durchdrehende gegen Geld Autos zertrümmern. Gibt es neuerdings übrigens auch in Berlin.

Wohl angesteckt

Ständig hört man, Deutschland hätte ein Gesundheitsproblem durch Ärztemangel. Ich kann das nicht bestätigen. Überall treffe ich auf hilfsbereite Heilkundige, die gegen jedes Leiden ein (Lebens-)Mittel oder Mantra wissen. Allerdings hat kaum einer von denen Medizin studiert; ein Selbst- oder Fernstudium auf Instagram oder im Yogakurs reicht völlig aus. Demnach soll strahlende Gesundheit für jeden machbar, essbar, trinkbar sein – durch frisch gepressten knallgrünen Selleriesaft (kommt auf Fotos super), selbst fermentierten Kombucha, Ingwershots, „goldene" Hafermilch mit Kurkuma und Pfeffer; mit Eisbädern, Meditation und der Kraft positiver Gedanken. Zumindest in ihrem Sendungsbewusstsein sind die DIY-Heiler völlig schmerzfrei. Waren Krankheiten einst von Gott geschickte Strafen, werden sie heute – mit Ernährung und Fitness als Ersatzreligion – als Folgen von Faulheit, Unaufgeklärtheit und mangelnder Selbstdisziplin verachtet. „Gesund ist das neue sexy", so heißt nicht nur ein aktuelles Buch. Wer sich von mehr als einer Erkältung jährlich erwischen lässt, kriegt Tadel statt Hühnersuppe: „Was will dir dein Immunsystem damit zum Thema Abgrenzung sagen?" Kranke sind nicht mehr pfleglich zu behandeln und damit in „ihrer Opferrolle" zu bestärken, sondern spirituell uneinsichtige Problemkinder, die trotzig an ihrem Unwohlsein festhalten, statt sich quantenphysikalisch – „Wie im Innen, so im Außen!" – aus Bett oder Rollstuhl und den eigenen Ruinen zu erheben. Mal ernsthaft, Leute: Wenn Stephen Hawking sich nicht gesund denken konnte, wer dann?

Nee, Krankheit ist nicht die heute übliche Schnelldiagnose „mangelnde Selbstliebe" oder eine „kosmische Lernaufgabe", es ist manchmal einfach nur ein Virus oder Erschöpfung! Gesundheit ist nach der sehr idealistischen Definition der WHO der „Zustand des vollständigen körperlichen, geistigen und sozialen Wohlbefindens" und sogar ein „menschliches Grundrecht". Aber das Recht ist eine Pflicht geworden. Klar, auch ich versuche, mir ein hohes, gesundes Alter anzufuttern. Aber dann kommt immer wieder das Leben dazwischen. Mit Süßkram, Alkohol, Stress und Schlaflosigkeit. Mit Trauer und Wut und Sorgen. Zudem die Lebens- und Arbeitsumstände, die im Turbo-Kapitalismus immer menschenfeindlicher werden: Armut ist auch in Deutschland ein Krankheitsrisiko – und Krankheit ein Armutsrisiko. Männer mit niedrigem Einkommen sterben hier statistisch elf Jahre früher als Reiche; bei Frauen sind es acht Jahre. Aber statt die Politik zu verändern, werden die Verluste privatisiert: Du allein bist für dich verantwortlich!

Doch für das, was Leib und Seele gesund hält – Zeit, Natur, Kunst, Sport, Schlaf, Liebe, verlässliche Freunde, finanzielle Grundsicherung – bleiben keine Reserven. Wer krank ist, braucht Unterstützung, Entlastung, Pflege und Mitgefühl: Diese Kombination kann tatsächlich Wunderheilungen bewirken. Und übrigens ist auch ein vorbildlicher Lebenswandel nicht todsicher.

Ende der Teilzeit

Nach sechs Jahren ohne eigenes Auto habe ich wieder eins – gebraucht, aber allein meins. Das hat einige Vorteile gegenüber dem zuvor praktizierten Car-Sharing: Der Wagen steht nun da, wo ich ihn geparkt habe. Es hat niemand darin geraucht, es riecht auch nicht nach nassem Hund, und der Fußraum ist nicht zugemüllt mit zerknüllten Croissant-Tüten. Kein anonymer Vorfahrer schrottete die Gangschaltung. Ich kann Sonnenbrille und Lakritze im Handschuhfach liegen lassen. Und wenn es meiner Mutter nicht gut geht, die 180 Kilometer entfernt allein wohnt, kann ich notfalls Tag und Nacht losfahren. Ich merke selbst, dass ich mich schon wieder anfange zu entschuldigen, denn Besitzerstolz ist heute noch unzeitgemäßer als Nachtspeicherheizungen. Erst recht, wenn es um Autos geht. Ich rede deshalb ungern darüber. Erstens mag ich es nicht, angesehen zu werden, als hätte ich mir das Teil extra zugelegt, um geschützte Krötenarten auf ihren Wanderwegen platt zu fahren. Zweitens will ich mir keinen Vortrag anhören, mit welchen hippen Methoden und Apps ich den Wagen zeitgemäß mit der Allgemeinheit teilen könnte, sollte – ja, müsste! „Ridesharing", „Ride-Selling" … Leute, wenn ich als Taxifahrerin arbeiten wollte, würde ich das längst tun! Theoretisch und ökologisch finde ich den Verzicht aufs Auto natürlich richtig. Ich habe das sogar jahrelang (un-)praktisch ausgelotet und -gelebt. Ich bin bei Wind und Wetter und mit zwei Kindern Fahrrad, Bus und U-Bahn gefahren. Auch nachts und in finstere Ecken. Ich habe Einkäufe geschleppt. Ich bin mit der Deutschen Bahn gereist, mit teuren

Platzreservierungen in Waggons, die es in Realität nicht gab. Car-Sharing habe ich, wie schon erwähnt, auch versucht. „DriveNow" war eher später und nahm mir den letzten Drive: Oft stand ich im Regen und starrte auf mein Handy wie ein Teenager beim Pokémon-Fangen, wo die oft crashende App einen freien Wagen vermutete. Einmal schloss ich einen Wagen auf, sah darin ein gebrauchtes Spritzbesteck und machte gleich wieder zu. Richtig, dass Leute Dinge, die ihnen nicht gehören, ungehörig behandeln? Ich will nicht mehr vor jeder Fahrt um den Wagen herumkriechen und sämtliche bereits dokumentierten Beulen und Kratzer mit dem digitalen Übergabeprotokoll abgleichen. Vor lauter Gewissenhaftigkeit bin ich zu spät zu Terminen gekommen.

Und man soll ja nicht nur Autos teilen: Auf Social Media bekomme ich dauernd Anzeigen von Portalen, die mich auffordern, meine möblierte Wohnung für zahlende Fremde zu öffnen. Nein, mein Auto, meine Bücher, meine Kleidung und meine Wohnung fallen in meinen privaten Tanzbereich. Mein Freund übrigens auch, da können Polyamore noch so sehr für die geteilte Liebe werben. Schon Kinder wollen ihr Lieblingsspielzeug nicht teilen und, verdammt noch mal, das ist total okay. Ich bin nicht geizig und verschenke von Herzen gerne Sachen, aber dann eben ganz, gerade meinen Rasenmäher und die lange Leiter. Mag sein, dass ich eigentümlich bin – aber ich bin gerne Eigentümerin.

Guter Rat?

Seit auch meine Freundin A. eine Coaching-Ausbildung gemacht hat, habe ich tatsächlich keine Probleme mehr. Jedenfalls keine, die ich mit ihr besprechen möchte. Denn früher, als sie noch Psycho-Amateuse war, fand ich sie hilfreicher: Hatte ich Liebeskummer, war A. diejenige, die mich tröstete, im Sinne von: Der Typ wäre sowieso unter meinem Niveau gewesen, gut, dass der weg ist. Als Therapie gab es Crémant, schwarzen Humor und viel Essen. Doch als wir nun auf einer Party eine Freundin mit Liebeskummer trafen, die uns ihr schweres Herz ausschüttete, tadelte A. sie professionell: „Fang an, deine eigenen Schatten zu heilen! Wenn du dich nicht für den Mann freust, der jetzt anscheinend glücklich ist, auch wenn es ohne dich stattfindet, dann hast du ihn sowieso nie geliebt. Alles andere ist Besitzdenken, davon solltest du dich lösen!" Darauf musste mein höheres Selbst erst einmal einen trinken. Und dann geschah das: Plötzlich wimmelte es auf der Party nur so vor Kindern. Sie waren zwar unsichtbar, bestimmten aber maßgeblich die Gespräche, denn es handelte sich dabei um das „innere Kind" einer jeden und die Unart und Weise, wie es einst missachtet worden war.

Ich weiß nicht, was als Tischnachbar nerviger ist: ein inneres Kind oder ein neuerweckter Coach. Stand bei meinem erweiterten Bekanntenkreis früher berufliche Neuorientierung an, ging das meist in Richtung Schmuckdesign oder Yoga. Nun aber werden alle Coach. Das macht mich eher unglücklich. Denn während es eine klare Entscheidung ist, ein Schmuckstück zu kaufen oder eine Yogastunde zu buchen, weiß ich jetzt nicht mehr, ob ich A. überhaupt noch einfach anrufen kann, um ihr – wie seit Jahrzehnten und bisher völlig gratis – mein Herz auszuschütten (und sie mir ihres), oder ob ich dazu nun einen Termin machen, in ihr neu gestrichenes Therapiezimmer kommen und mich zum Freundschaftspreis in ihren offiziellen Klienten-Korbsessel setzen muss.

Ich reagiere mittlerweile allergisch auf Schlagworte wie Achtsamkeit, Selbstliebe, Schwesternschaft. Meine Augen schmerzen beim Anblick von Coaching-Websites mit aufeinandergestapelten Kieseln, stillen Wasseroberflächen, aufblühenden Lotosblumen. Statt eines langjährigen Studiums qualifizieren heute zum professionellen Besserwissen schon ein paar teure Wochenendseminare, denn die Bezeichnung „Coach" ist ja nicht geschützt. In sozialen Netzwerken dienen sich mir Menschen als Berater an („Hey Frau! Was willst du eigentlich vom Leben?") oder werben mit überraschenden Erkenntnissen („Sorgen können den Alltag und die Lebensqualität beträchtlich stören") für ihre Hilfe. Um dazu Nein zu sagen, brauche ich auch keinen Coach.

Ich setze in verzagten Phasen weiterhin auf enge Freunde. Ziehe damit zwar möglicherweise das große Ratlos, aber das ist keine Niete – wenn man, statt den anderen „durchzucoachen", einfach dableibt, einen Film zusammen guckt oder zusammen spazieren geht. Auch ohne Alpaka.

Macht euch frei!

So langsam sind alle wieder da. Was sie gemacht haben in den Sommerferien, ist bekannt, schließlich hatte ich auf Instagram und Facebook täglich das Nachsehen. Da waren es bildlich die schönsten Wochen des Jahres, an den schönsten Orten der Welt.

Doch nun bräuchten die meisten wohl dringend eine beruhigende Après-Sun-Lotion für die Seele: Frauen, ganz besonders jene mit Familie, sind heilfroh, ihren strukturierten, kitagestützten Alltag wiederzuhaben und sich am Arbeitsplatz von der digitalen Berichterstattung #traumurlaub erholen zu können. Wann ist bloß aus den großen Ferien ein Großevent geworden, das perfekt vorbereitet und dokumentiert werden muss? War Urlaub früher die private Auszeit, in der man endlich mal Pause hatte vom Performen, Fremdbestimmtsein und Gutaussehen, fliegt man heute anscheinend los, um seiner sozialen Fassade einen neuen, hashtagfähigen Anstrich zu verleihen.

Der Stress mit der optischen Urlaubsplatzreife geht schon lange vorher los. Während dem Mann als Vorbereitung reicht, dass der Pass gültig und am Urlaubsort WLAN ist, legt die Frau vorab Extraschichten ein: Pediküre, Maniküre, Ganzkörperwaxing, Bikini-Body-Training, Peeling, Tanning durch Sprühpistole oder Selbstbräunerprodukte, Großeinkauf von Sonnenschutzprodukten für alle. Während der Mittagspausen wird am Computer die zum Urlaubsort stilistisch passende Ausstattung geshoppt: Ohne Caprihose kann man doch unmöglich nach Capri und ohne Ringelshirt sieht die Bretagne auf Fotos nicht bretonisch genug aus! Drei Tage vor Abreise dann noch ein Friseurtermin für chemisch sonnengeküsste Strähnen, denn am Strand sind Sonnenschutzspray und Hut im Einsatz.

Ach, Sommerferienglück. Das war in meiner Erinnerung diese heiße, helle Zeit, in der man alles und sich selbst fallen lassen und den Akku für den kommenden Herbst aufladen konnte. Doch während man sich nun abarbeitet, um bereits vor der Abfahrt schön erholt auszusehen, erholen sich die Leute laut Umfragen im Urlaub selbst immer weniger. Zumal keiner richtig abschalten kann, weil das Handy immer auf Sendung und Empfang ist. Doch ehe man zugeben würde, dass einen das stresst, faken immer mehr Frauen digitales Ferienglück wie ansonsten höchstens Orgasmen.

Mein Erholungstipp: Vielleicht sollte man für den nächsten Sommer in aller Ruhe einen Fundus aus Urlaubsfotos vorproduzieren und davon dann alle paar Tage eines posten. In diesem digitalen Schutz kann man sich gemächlich und hüftspeckig und weißhäutig im alten Badeanzug am Baggersee erholen, mit einem Sixpack aus Bierdosen statt aus Muskeln. Oder auch nur gefühlte Ferien machen mit einem Stapel Zeitschriften auf dem Balkon. Analog und vollkommen unbeobachtet. Im Gegensatz zu in türkisfarbenem Wasser baumelnden braunen Beinen hat eine baumelnde Seele zwar nur inneren Unterhaltungswert. Aber der ist unbezahlbar.

Sammelt euch!

Neulich bin ich beim Aufräumen auf einen dunklen Punkt meiner Vergangenheit gestoßen. Eigentlich waren es viele bunte Punkte: meine Briefmarkensammlung nämlich. Als Kind liebte ich diese kleinen Bilder, erfreute mich an Sonderserien wie jene über „Märchen" und träumte von Schätzen wie der Blauen Mauritius. Später verlagerte ich mein Sammelinteresse und kaufte bei jedem Sylt-Urlaub von meinem Taschengeld in der Keitumer Töpferstube ein kleines Keramiktier. Die Tiere präsentierte ich dann zu Hause in einem hölzernen Setzkasten. Bis ich noch später, als Teenager dann, mal Jungsbesuch bekam – und der Typ sich nicht wieder einkriegte vor Lachen.

Seitdem versuche ich mehr oder weniger erfolgreich daran zu glauben, dass weniger mehr ist. Während man früher Sammlungen stolz herzeigen und sogar darauf hoffen durfte, die intime Besichtigung des Besitzes würde den anderen bestenfalls umhauen – Schallplatten, Briefmarken, Münzen, Wände voller Bücher –, gelten solche Gruppierungen heute eher als Ballast. Gesellschaftlich akzeptiert ist nur der Minimalist oder höchstens der Kunstsammler. Alle anderen lernen loszulassen, zu teilen oder digitalisieren: Was man „wirklich" braucht, soll am besten in einen VW Bulli passen; bei geschlossenen Türen.

Ich habe es versucht. Aber, wie zum Beispiel meine 60er-Jahre-Keramikvasen so harmonisch zusammenstehen, jede eine individuelle Schönheit, aber erst als Ensemble ein Gesamtwerk, das tut meinen Augen und meiner Seele gut.

Menschen waren immer Jäger und Sammler. Das Jagen liegt mir nicht; aber ich sammle mich gern – in Gegenständen, die mich daran erinnern, wer ich war und bin. Psychologe Professor Alfred Gebert bestätigt den emotionalen Sammlerwert von Gegenständen: „Sie können ein Gefühl von Sicherheit und sogar Gesellschaft vermitteln." Gute Gesellschaft kann man also doch kaufen! Und jetzt sitze ich hier und heule, weil ich damals meine kleinen Sylter Keramiktiere beschämt weggeworfen habe, um cool zu werden. An jedem hingen Erinnerungen an zeitlose Wochen aus Wellenrauschen, Freiheit und salziger Luft, sandigen Füßen und Ausritten am Strand. Auch die von meiner Oma geerbten Sammeltassen mit verschiedenen Rosenmotiven habe ich aus falscher Coolness weggegeben – und damit ein Stück Erinnerung an sie. Vor allem auf lange Sicht: Denn eine Ansammlung zum Anfassen soll beim lebhaften Erinnern helfen und sogar Demenz entgegenwirken, das wurde von Neurologen gerade wissenschaftlich bestätigt.

Letztlich ist das ganze Leben eine möglichst große Sammlung von Minuten, Tagen, Nächten, Jahren. Nein, Sammlungen sind nicht sinnlos. Jedes einzelne Stück hat für mich Sinn und Sinnlichkeit, weil ich meine Erinnerungen damit begreifen und nachfühlen kann. Meine Sammlungen sind seelische Wertanlagen: Das ist Lebenskunst, das kann nicht weg. Folglich werde ich meine Büchersammlung weiter ausbauen, Schwerpunkt Minimalismus, klingt für mich gut.

Sie ist in Ordnung!

Letztens war ich bei Ikea, es ging um eine Reklamation. Das kaum volljährige Berufsschwedenmädel im Kundenservice duzte mich familiär: „Ich verstehe dich, aber da kann ich dir echt nicht helfen." Ich wollte aber keinen Familienanschluss, sondern eine Problemlösung, und siezte die Sache knallhart durch. Hej, untereinander könnt ihr euch durch alle Hierarchiestufen duzen, aber ich fühle mich dadurch nicht skandinavischer, lässiger oder vertrauter, sondern einfach nur weniger respektiert. Trotz „Family Card" möchte ich als Kundin lieber Königin statt Kumpel sein. So geht es mir auch auf der Straße, wenn mir Aktivisten auf Spendenakquise den Weg verstellen: „Hallo du! Ja, du! Du siehst total aus, als ob du Tiere magst!" Das spricht mich nicht an, obwohl wir inhaltlich sogar eine Ebene hätten.

Was das Sie betrifft, bin ich halt nicht besonders yougendlich. Mag sein, dass sich andere Frauen in meinem Mittelalter dadurch geschmeichelt fühlen – als würde man per Du gesprächsweise zehn Jahre jünger wirken! Nein, Leute, da könnt ihr euch und euresgleichen noch so hartnäckig als „Mädels" bezeichnen: Solch verbales Lifting ist niedlich, aber gerade für Frauen nicht ohne Risiken und Nebenwirkungen. Ehe man sich versiezt, wird man zum Kaffeeholen geschickt – vom Mädel zum Mädchen für alles ist es nur ein kleiner Rückschritt.

Wahrscheinlich bin ich bei dem Thema empfindlich, weil ich die ersten 30 Lebensjahre immer viel jünger aussah und von Fremden und Vorgesetzten ungefragt geduzt wurde. Oft waren die Verhältnisse nicht so eindeutig, dass ich selbstverständlich zurückduzen mochte. Vorab ein „Wir duzen uns, oder?" hätte einiges geklärt. Übrigens ist das für mich heute noch ein Angebot, das man auch ablehnen kann. Duzen ohne Einverständnis ist immer eine Machtdemonstration; wen man duzt, den muss man nicht fürchten. Erfahrungsgemäß geht per Du schnell auch der Anstand perdu. Das formelle Sie hingegen hält eine Armlänge Abstand zwischen Personen, die sich nicht nahestehen, sondern nur den gleichen, übervölkerten Lebensraum teilen müssen. Nicht umsonst rät die Polizei, bei einer Attacke den Angreifer nie zu duzen, damit potenzielle Helfer nicht denken, es könnte sich um eine private Rangelei handeln.

Leider stirbt das Sie rapide weiter aus, in Berlin ist es längst einzelfällig. Natürlich ist das Internet mit schuld: Auf Facebook und Instagram wird prinzipiell geduzt. Der Soziologe Ronny Jahn von der Berliner International Psychoanalytic University sagt: „Allgemein ist eine Tendenz zur Entgrenzung festzustellen. Privates und Geschäftliches vermischen sich zunehmend." Clevere Strategie: Wenn ein Konzern wie ein Freund auftritt, verzeiht man ihm die Macken seiner Produkte eher. Der Handel behandelt seine Kunden schlecht, aber nennt sie dafür beim Vornamen. Cool, du!

Gestern hatte ich einen Behördentermin. Es wurde eine überraschend schöne Erfahrung, denn da war ich Frau Lübke und wurde amtlich gesiezt.

Welch Schmach?

Was ist nur aus der guten alten Redensart „Leben und leben lassen" geworden? Ich weiß es leider: „Schämen und beschämt werden." Spießrutendauerlauf ist der neue Volkssport und keiner wird gefragt, ob er daran teilnehmen möchte. Irgendeinen Anlass gibt es ja immer: Waren es einst vorehelicher Sex und uneheliche Kinder, droht heute Flugscham! Fleischscham! Schenkelscham! Dieselscham! SUV-Scham! Kamin- und Silvesterraketen-Feinstaubscham! Und das Neueste: Kinderindieweltsetzscham!

Ich fürchte bereits den ersten Selbstmord aus Existenzscham, zur Entlastung der Ökobilanz: zu schlecht für diese Welt! Über allerorts fehlende Selbstliebe und zunehmende Depressionen braucht man sich da nicht zu wundern. So berichtete der Schwede und zweifache Vater Perikles Nalbanits im Radio über seine Erkrankung an einer „Klimadepression". An schwedischen Universitäten gibt es tatsächlich bereits Bewältigungskurse gegen „Klimaangst", an der sogar Kronprinzessin Victoria leidet. Wie soll man mit einem Selbstbild als größter „Ökoschädling" auch froh werden? Solange ein Mensch lebt, muss er atmen, essen, ausscheiden und zumindest minimal konsumieren. Wie sehr man sich auch bemüht, die Welt zu retten, irgendwas macht man falsch und schämt sich unter den bösen Blicken zu Tode. Etwa wenn man nach der Arbeit für den spontanen Einkauf eine Tüte braucht, weil die 99 Stoffbeutel und Netze zu Hause liegen. Man fühlt sich wie die gedemütigte Königin Cersei in „Game of Thrones": Auf Schritt und Fehltritt verfolgen einen selbstgerechte Gestalten mit einer bimmelnden Glocke und rufen dabei: „SHAME! SHAME! SHAME!" Willkommen zurück im Mittelalter.

Mich überfällt Fremdscham für diese Eiferer, on- wie offline. Mit beschämten Menschen ist kein guter Staat zu machen. Zumal jene, die sich ihres Verhaltens schämen sollten, es eh nie tun: Psychopathen, Milliarden-Wirtschaftsbetrüger und steuerhinterziehende Großkonzerne, um ein paar gute schlechte Beispiele zu nennen. Reiche Menschen, so hat eine Studie ergeben, ändern ihr klimaschädliches Verhalten am wenigsten. Je höher das Einkommen, umso egaler ist ihnen umweltfreundliches Reisen. Das Fußvolk, die bemühte Mittelschicht, bleibt beschämt am Boden – Vielflieger jetten weiterhin abgehoben um den Globus, weil ihnen gefälligst niemand etwas vorzuschreiben hat.

Wenn es keine Scham gibt, muss man Gewalt anwenden, um Menschen zu beherrschen, soll Konfuzius gesagt haben. Dabei ist Scham erst recht psychische Gewalt und die schärfste Allzweckwaffe aus dem Giftschrank der schwarzen Pädagogik: Eltern, die ihrem Kind etwas austreiben wollten, ohne sich mit Begründungen abzugeben, riefen einfach: „Schäm dich!" Dieser Befehl wird der Psyche eingepflanzt wie ein Computervirus, der das Selbstwertsystem zum Absturz bringt. Beschämung hat noch nie Einsicht oder guten Willen hervorgerufen, sondern Selbsthass und Abwehr und Trotz. Ich habe jetzt mal schamfrei.

Spinnt ihr?

Dauernd erhalte ich Einladungen zu irgendwelchen Netzwerk-Events. Vor allem reine Frauennetzwerke werden mir angepriesen. Die Veranstalterinnen locken mit „inspirierenden Speakerinnen" und Geschenktüten voller Goodies als Belohnung fürs Erscheinen; aber solange da keine Aktienpakete oder hoch dotierte Jobs drin sind, sondern eine Tube Handcreme als kommunikatives Gleitmittel und eine Dose Hugo zum Abbau von Sprechhemmungen, kann ich darauf verzichten.

Mag sein, dass ich spinne, aber ich will nicht netzwerken. Das hat übrigens nichts damit zu tun, dass ich Frauen nicht klug, kompetent, fantastisch, inspirierend und interessant finden würde. Im Gegenteil! Ich will nur neue Bekanntschaften nicht sofort auf ihre finanzielle Verwertbarkeit abscannen. Sich gezielt anzufreunden, um geschäftlichen Nutzen daraus zu ziehen – Freundschaft plus, nur beruflich –, finde ich schwierig. Umgekehrt, wenn man sich über eine lange, glückliche Zusammenarbeit anfreundet, ist das toll, habe ich zum Glück oft erlebt. Aber wichtiger als Können scheint für die Karriere heute der Faktor „jemanden kennen". Leute sammeln manisch Kontaktpersonen wie sonst nur Geheimdienste, tauschen Profile, als wären es Panini-Sammelbilder. Mich nerven auch diese ganzen Coworking-Spaces – universell-individuell, industrial-shabby eingerichtet wie Burger-Läden –, in denen man nebenberuflich mit den anderen Kreativarbeiterkindern anfangen soll zu spielen. Man sollte sich und der Welt schon wirklich etwas zu sagen haben, ehe man sich

schwört, „unbedingt mal zusammen einen Podcast machen"
zu wollen.

Und ist die rosa Netzwerkhäkelei nicht genauso sexistisch
wie der „Drinnen nur Männchen"-Anglo-German-Club –
nur nicht so teuer, einflussreich und reich? Etliche Unter-
nehmen leisten sich fürs Image eigene weibliche Netzwerke,
aber das ist meist „pinkwashing" altväterlicher Machtstruk-
turen, als Female Empowerment. Schwierig auch, wenn
echte Freundinnen einen mit anderen Freundinnen zusam-
menbringen wollen, „weil ihr euch super finden werdet", und
man das halb blinde Date dann doch doof findet, aber nicht
gleich wieder abhauen kann, sondern später noch Rechen-
schaft ablegen muss, warum man mit der nicht konnte. Puh.

Das ganze Kommunizieren – besser: achtsam zu kommunizieren, dass man nicht kommunizieren möchte – strengt
total an und kostet wertvolle Arbeits- oder Entspannungszeit.
Kommunikationspsychologen mahnen ja, das Wichtigste
am Netzwerken wäre, einfach unheimlich positiv und offen
auf alle zuzugehen und vor allem immer zu lächeln. Alles
klar, also rechnet nicht mit mir. Ich bin dann mal bei der
Arbeit. Wie hieß es früher immer: Dienst ist Dienst und
Schnaps ist Schnaps. So kann man auch mal fachliche Kritik austeilen, ohne dass die andere persönlich wahnsinnig
enttäuscht von einem ist.

Verkehrs-Wesen

Neulich wurde mir schlagartig bewusst, dass ich eine kleine Immobilie besitze. Die Freude an dieser Erkenntnis war leider kürzer als die Ampelphase, denn das Tiny House war mein standhaftes Auto im vorwiegend ruhenden Verkehr. Da ist nichts im Fluss! Mit den Autos staut sich der Frust. Deren Fahrer behandeln einander nicht mit Rücksicht, sondern als nervige Verkehrshindernisse. Ständig wird gepöbelt, sich um Vorfahrt und Parkplätze geprügelt und anderen eins aufs Autodach gegeben, dass es knallt.

Und nicht nur die Vielfalt und Dichte an Fahrzeugen aller Art hat drastisch zugenommen – die meisten Fahrer halten die StVO für eine spießige Empfehlung für Ängstliche und Unfähige. Die aktuelle Verkehrslage bespielen sie wie eine Szene aus dem Computerspiel „Grand Theft Auto" – mit sich selbst am Steuer als Gesetzlose und mit eingebauter Vorfahrt.

Letztes Jahr kontrollierte die „Soko Autoposer" in Hamburg mehr als 4700 Fahrzeuge, von denen 1300 gar nicht hätten fahren dürfen, weil sie keine Betriebserlaubnis hatten. Gut 550 Wagen wurden wegen unerlaubter Eingriffe in die Technik aus dem Verkehr gezogen. Dazu kamen 400 Anzeigen wegen Lärmbelästigung und nahezu 250 Strafanzeigen wegen Drogen, Alkohol, Verstößen gegen die Höchstgeschwindigkeit und wegen illegaler Rennen. Etlichen konnte man den Führerschein nicht wegnehmen, weil sie gar keinen hatten. Zu verkehrswidrigem Verhalten verleiten aber auch E-Roller: Immer wieder zieht die Polizei welche aus dem Verkehr, deren Fahrer besoffen, zugedröhnt und verbotenerweise zu mehreren darauf unterwegs sind. Das kostet fix den Führerschein – den echten, fürs Auto! Dass die frickeligen Flitzer den Stadtverkehr nicht entlasten, sondern die Unfallstatistik bereichern, hätte jedem vorher klar sein können. Der Chef der Kassenärztlichen Bundesvereinigung, Andreas Gassen, sprach von „deutlich mehr Verletzten" und resümierte: „Aus unfallchirurgischer Sicht sind E-Roller eine Katastrophe."

Tut mir leid, aber mit den meisten Verkehrsteilnehmern möchte ich nicht mehr verkehren müssen: Ihr seid wandelnde Unfälle auf der Suche nach Orten, wo ihr euch ereignen könnt. Ich habe es satt, auf euch alle mit aufzupassen. Auf die, die nebenbei lenken, während sie aufmerksam aufs Handy starren und sogar darauf tippen. Auf die notorischen Kreuzungsvollsteher, die bei Noch-nicht-ganz-Rot rübermachen, es dann aber doch nicht schaffen und dafür sorgen, dass sich die Verkehrsströme immer mehr ineinander verkeilen. Auf die Schleicher, die vor einer Kolonne im Schlaf der Selbstgerechten herbummeln. Auf die Fahrradwegzuparker. Auf die Rennradflitzer, die im Stadtverkehr ihr persönliches Eintagesrennen ausfahren. Auf die Spurspringer, die nie blinken und bei denen der tote Winkel wirklich wörtlich genommen werden muss.

Nein, ich war nie eine Freundin des autonomen Fahrens, aber jetzt: Künstliche Intelligenz, bitte übernehmen Sie das Steuer!

Fertig ist die Laube

Keine Ahnung, wie oft ich mittlerweile bei dieser Nachricht Freude geheuchelt habe. Ich weiß schließlich, was sich gehört: „Oh mein Gott! Wirklich, es hat endlich geklappt?" rufe ich co-euphorisch, „das habt ihr doch so lange versucht! Ich freue mich für euch!". Nein, es geht dabei nur noch selten um die Eröffnung einer späten Schwangerschaft, aber aus Erfahrung weiß ich, dass die Auswirkungen ähnlich sein werden: Diese Menschen werden abtauchen in ihre eigene kleine Welt und unsere über Jahre gewachsene Freundschaft mit ihren Wochenendritualen wird sich verändern.

Jahrelang standen sie auf der Warteliste, nun haben sie, wie deutschlandweit 5 Millionen Menschen, einen Schrebergarten. Besser gesagt, der Schrebergarten hat sie – und zwar jede freie Minute. Falls man sich treffen will, müsste ich dort hinfahren. Werde aber nicht eingeladen, weil sie „erstmal" noch den Steinweg pflastern, eine Terrasse oder Kräuterspirale bauen, die Hütte entrümpeln oder die Komposttoilette installieren müssten. Und wenn, dann werde ich auf einem Blümchenkissen sitzen und warten, dass sie mal Zeit für ein Gespräch haben, ohne „nebenbei" permanent etwas zu zupfen, zu gießen, zu hämmern, hochzubinden, zu schneiden und mir ein schlechtes Gewissen zu machen wie als Kind, wenn ich meiner Mutter beim Niediehändeindenschoßlegenkönnen zusehen musste und immer wieder rief: „Nun setz dich doch einfach mal zu mir!".

Einst waren Schrebergärten spießig, heute ist spießig, keinen zu haben. Auf Instagram wuchern Vorher-Nachher-Dokumentationen der Verwandlung schwarzbrauner Holzhütten zu pastellfarbenen Skandi-Palästen. Das kleine Grüne ist Endstation Sehnsucht, wenn Leute Kleinkinder haben – oder die Kinder so groß geworden sind, dass nur noch Pflanzen betüdelt werden wollen. Ja, man kann die Leute zwar aus dem Schrebergarten rausbringen, aber den Schrebergarten nicht mehr aus den Leuten. Stadtfreunde müssen sich auf viele Fotos von vielen Babyzucchini einstellen und den Nachwuchs bewundern. Außerdem das selbst gezogene Bio-Obst unbedingt ungewaschen probieren, auch wenn die Flugzeuge vom nahe gelegenen Flughafen darüber hinwegdonnern oder die Autos auf der Ausfallstraße daneben vorbeirauschen. Jetzt im Spätsommer kriegt man zudem Einweckgläser geschenkt, in denen pflanzliche Leichenteile in einer trüben Flüssigkeit dümpeln, eher eine vegane Version eines Damien-Hirst-Kunstwerkes als etwas Genießbares. Erntedank dafür!

Ach, vielleicht befällt mich einfach seelischer Mehltau, weil meine Freunde nun neue Freunde haben, mit denen sie jedes Wochenende zusammen fermentieren und Bier trinken. Es erwachsen ihnen neue Freundschaften und Gesprächsthemen über den Gartenzaun, mit Streber-Schrebern, die wissen, was gegen Schnecken, Läuse oder Wühlmäuse hilft. Auch Trauerfällen in der Pflanzenfamilie wegen Tomatenkrankheiten wie der Braunfäule, einem Pilz, der aus der erwarteten Ernte Gammelgemüse macht, fühle ich mich emotional nicht gewachsen. Ich freue mich jetzt einfach auf die Winterpause. Dann bekomme ich meine Freunde zurück.

Ausgebadet

Leider bin ich keine richtige Frau, denn „die lieben nichts so wie ein schönes, heißes Bad". Wer „Frauen+Badewanne" googelt, wird von Bildern geflutet, auf denen Frauen sich mit geschlossenen Augen sinnlich lächelnd in Schaumbergen räkeln, auf denen sich ein Rosenbusch entblättert hat. Auf dem Rand stehen Teelichter und Gläser mit Sekt, der stärker schäumt als das Badewasser. Was fühlen die, was ich nicht fühle? Und wieso hat keine ihr iPhone in den nassen Händen?

Eine normale Badewanne ist von außen immer zu groß und von innen immer zu klein. Sie steht passiv-aggressiv im Raum und mault: „Gib mir 140 Liter reinstes Trinkwasser!", denn das ist ihre durchschnittliche Füllmenge. Ich hasse sie. Mich laugt nichts so aus wie die fixierte Rückenlage in einer Badewanne. Der Nacken schmerzt, ich starre hospitalisiert auf die Kachelwand. Knie, Füße oder Brüste ragen immer heraus. Lässt man Wasser nach, läuft es über. Die Haut der Fingerspitzen schrumpelt, der Kreislauf taucht ab, die Zeit vergeht – NICHT.

Und von wegen „einfach mal entspannen"! Jede Frau weiß, dass für diese Wasserverschwendung ein „Extra an Pflege" von ihr erwartet wird, weil „Wirkstoffe durch feuchte Wärme intensiviert werden". Während der Einweichzeit rasiert sie ihren Körper, arbeitet mit Peeling nach, schmirgelt die Füße mit Bimsstein und trägt vorher auf Haare und Gesicht unterschiedliche Kurpackungen auf. Zum Ausspülen muss man sich dann aber erheben und unfallfrei in die Dusche glitschen, um den ganzen Kram auszuspülen, denn das Badewasser sieht nun aus wie ein umgekippter Bioteich. Die erfrischende Dusche ist das Schönste am Baden. Endlich sauber!

Einmal habe ich ein Erkältungsbad genommen. Als sich das Wasser in einem stechenden Grün färbte, hätte mir das eine Warnung sein müssen. Das Säurebad der Mafiakiller muss sich ähnlich anfühlen, nur dass man dabei dankenswerteweise schon tot ist. Ich brannte. Überall. Schlimmer war nur, als mich die Hebamme zum Kinderkriegen in eine neumodische Wanne quatschte, weil „ein schönes heißes Bad" diesen schmerzhaften Vorgang beschleunigen würde. Überraschung: bei mir nicht! Es hat schon einen Grund, dass menschliches Leben vor Millionen Jahren aus dem Wasser kroch, um an Land weiterzuevolutionieren.

Sogar der gerne phantasierte Sex in der Badewanne ist lästig. Man bräuchte einen Zwerg als Partner oder schluckt eine Menge öliges Wasser. Die elementtypische Schwerelosigkeit ist auch keine Kopulationshilfe.

Schon Kinder lassen sich nur baden, wenn man die Wanne zu gleichen Teilen mit Wasser und Spielzeug füllt: Playmobilfiguren, Plastikschiffe und am besten noch bunte Tinti-Farbbäder. Und wenn Frauen gar nicht wissen, was sie anderen Frauen schenken sollen, schenken sie was zum Baden. Etwa Badeölperlen in zellophanverpackten goldenen Minibadewannen, Badesalz aus dem (sic!) Toten Meer, Badekugeln mit eingepressten Kräutern, die hinterher in einem Ölfilm an der Wanne festkleben werden. Weil Badewanne, die bitch, nicht selbstreinigend ist, sollte man – wenn überhaupt – zum Baden ins Hotel gehen. Apropos: Ich habe für immer das ikonenhafte Foto des Politikers Uwe Barschel vor Augen, der voll bekleidet in der vollen Hotelbadewanne liegt und beneidenswert tiefenentspannt wirkt – wenn er dabei nicht tot wäre. Ob Selbstmord oder Mord ist bis heute ungeklärt. Die Badewonnen des Bösen: Noch nie ist jemand in einer Dusche ertrunken, Badewasser dagegen ist die reinste Todesfalle. Whitney Houston? Ihre Tochter Bobbi? Wer in der Badewanne ohnmächtig wird, hat kaum Chancen; erst recht, wenn dazu Alkohol oder Drogen kommen. Und gar keine, wenn ein Föhn oder Rasierapparat ins Wasser fällt.

Man darf es sich in der Badewanne einfach nicht gemütlich machen. Der Kriegsdichter Ernst Jünger legte sich jeden Morgen in seine voll kaltem Wasser: Er wurde damit 102 Jahre alt. Diese Art Jungbrunnen könnte ich mir noch überlegen. Bis dahin ist meine Wanne ein guter Ort, um Haustiere abzuduschen, durchgefrorene Kinder aufzutauen, Handwäsche durchzuspülen und Vasen zu reinigen. Ohne attraktiven Badearzt kriegen mich keine zehn Seepferdchen in die Wanne. Und selbst dann würde ich zum Flirten die Kneipe dem Kneippen vorziehen.

Ich will's nicht wissen

Als Jugendliche haben wir manchmal heimlich Horrorfilme geschaut. Hab's gehasst, aber da war dieser Gruppenzwang zur Coolness. Wer nicht mehr hingucken wollte, sich Augen und Ohren zuhielt oder gar das Zimmer verließ, wurde verspottet, weil er nichts abkonnte. Aber wenigstens war es nach zwei Stunden vorbei. Die guten alten Zeiten!

Seit Erfindung des Internets hat Horror keinen Sendeschluss mehr, es gibt kein Entkommen. Pausenlos jagen sich online Krieg, Folter, religiöser Wahn, Mord, Rassismus, Frauenhass, Seuchen, Umweltverschmutzung, Ausbeutung, Pandemien, Tierleid, um nur die Basics zu nennen. Leider gilt nun erst recht: „Wir" als moderne, aufgeklärte, engagierte Menschen „dürfen" nicht wegsehen, nicht die Augen vor dem globalen Schrecken verschließen. Wir „müssen" innen- wie außenpolitisch stets informiert sein – zumindest, um auf Partys und Konferenzen mitreden zu können. Als intelligente, engagierte Frau sollte man dazu immer noch härtere Fakten und Beweise kennen, um ernst genommen zu werden.

Die Informationslawine wälzte sich durch meine Tage und erstickte sämtliche Lebensfreude. Mein Gehirn war zur Abspielstation für einen Livestream aus News und Fakenews geworden. Dem Glauben an das Gute im Menschen, der bei mir sowieso nie besonders ausgeprägt war, ging die letzte Puste aus. Statt „I have a dream" gilt heute „I have a stream"; aus „Ich habe einen Traum" wurde „Ich habe ein Trauma". Es ist erwiesen, dass der menschliche Geist zwischen Selbsterlebtem und online Miterlebtem schwer unterscheiden kann: Ich lebe in einem der schönsten Stadt-teile in einer der schönsten Städte Deutschlands; aber mental im Katastrophengebiet. Ich wurde immer nervöser und de-pressiver. Aber ich darf nicht abschalten!, dachte ich. Ich habe als Journalistin und engagierte Weltbürgerin nicht nur das Recht auf Information, ich habe die Pflicht dazu!

Dann las ich die Geschichte von Erik Hagerman, der vom IT-Spezialisten und politisch engagierten Bürger zum „ignorantesten Mann Amerikas" wurde. Am Tag, als Donald Trump sich zum Kaiser krönen ließ, beschloss Ha-german, nicht mehr wissen zu wollen, wie es mit seinem Land und dem Rest der Welt von nun an weitergehen würde. Er zog nach Ohio auf's Land, schnitt sich von jeglichem Informationsstrom ab, verbot seinen Freunden und Fami-lienmitgliedern, ihm zu sagen, was in der Welt außerhalb seiner kleinen heilen Welt so passierte. Keine Überraschung: Es geht! Und ihm? Noch besser. Hagerman nennt es „Die Blockade".

Ja! Ich will da auch raus, dachte ich. Das ist geistige und emotionale Notwehr. Ich ertrage es nicht mehr: Diese Brutalität, diese Dummheit, Gewalt, Korruption und Unge-rechtigkeit – und meine totale Hilflosigkeit, dagegen etwas zu tun. Gut informierte Kreise können heute vor lauter schlechten Nachrichten einfach täglich durchdrehen. Ich bin ein Weichei, ich will ignorant und uninformiert sein. Schickt mir keine Videos, die ich mir unbedingt ansehen soll. Alles ist „HEFTIG" und „breaking News" brechen mich entzwei. Ich weiß, ihr wollt mit dem Horror auch nicht alleine sein, geteiltes Leid ist halbes Leid und so weiter. Aber mein Kopf steht nicht mehr als Abspielstation für News und Fakenews zur Verfügung – return to sender. Der gehört mir, genauso wie mein Bauch und meine Seele. Ich will mir die Welt jetzt schönreden und schönsehen.

Der Katastrophen-Detox ist schwer, aber der Anfang ist gemacht. Ich lebe mehr off- als online. Statt abends noch im Internet zu surfen, lese ich im Bett wieder Bücher. Versenke mich in aller Seelenruhe zwischen die Seiten, ohne Angst vor einer Eilmeldung, die mich aufschrecken könnte. Ich lasse es jetzt im wahrsten Sinne einfach mal gut sein. Und wenn morgen die Welt untergehen sollte, würde ich noch nicht mal mehr ein Apfelbäumchen pflanzen wollen – ich will es einfach nicht wissen.

Maskenball

Seit Diors New Look (1947) und Rudi Gernreichs Monokini (1964) gab es in der Mode eigentlich kein wirklich neues, atemberaubendes Kleidungsstück mehr. Doch 2020 kam es dann mit der Frühjahrskollektion, das Must-Have des Jahres: Der horizontale Faltenrock für das Halbgesicht wird einen wohl weit über diese Virensaison hinaus begleiten. Maskenzwang endlich nicht nur in Fetischclubs, sondern ganz alltäglich Drosten vor der Tür! Lippenstifthersteller hassen diesen Trick und werden reihenweise pleitegehen, schätze ich. Viele Ladenbesitzer auch, denn die können nun nicht mehr sicher zwischen Kunden und Kriminellen unterscheiden. dpa-Meldungen wie diese werden künftig viral gehen: „Drei Räuber haben in Berlin die Coronakrise zur Maskierung bei einem Überfall genutzt. Die Männer betraten am Dienstagabend eine Tankstelle in Weißensee. Alle waren mit einem Mundschutz ausgerüstet, was die Kassiererin in der aktuellen Situation nicht gewundert habe, wie die Polizei am Mittwoch mitteilte." Zack, war die Kasse leer. Täterbeschreibung: Die drei Masketiere.

Schon absurd: Vor drei Jahren wurde die Bevölkerung Hamburgs mit G20 zwangsbeglückt, quasi dem Coachella der Weltpolitik. Wer sich damals auch nur ansatzweise mit einer Art Vermummung oder auch nur einer zu großen Sonnenbrille in der Öffentlichkeit erwischen ließ, wurde als subversives Subjekt sofort aus dem Verkehr gezogen und schlimmstenfalls präventiv festgesetzt. Nur drei Jahre später ist es genau umgekehrt: Wer ohne Gesichtsvermummung und dazu XXL-Sonnenbrille – denn das Virus geht auch gerne mal ins Auge – angetroffen wird, kommt gar nicht rein in den Club, äh, Supermarkt. Sondern muss sofort zurück in Hausarrest. Wie soll man auf dem permanent schwankenden Boden der Tatsachen Haltung bewahren? Von Februar bis April galten die schnell nassgeatmeten Stoffmasken als sinnlose bis selbstschädigende „Virenschleudern", im Mai plötzlich als absolute Bürgerpflicht zur Pandemiebekämpfung. Da es nicht genug für alle gab, wurden Frauen an die Nähmaschinen abkommandiert. Sie legten für die gute Sache im Akkord Stirn und bunte Stoffe in Falten, damit diese Masken nicht so deprimierend und bedrohlich aussehen wie sie sind. Andere wurden mit lustigen Sprüchen bedruckt, denn hey, Motto-Masken sind das neue Motto-T-Shirt! Vielleicht wäre es eine alternative Einkommensmöglichkeit, sein Halbgesicht gegen viel Geld als Werbefläche zu vermieten, ich warte noch auf Angebote.

So lange HASSE ich die Dinger, gehe aber sicherheitshalber auch nicht oben ohne einkaufen. Wenn ich allerdings sehe, wie meine Mitkämpfer an der Hygienefront ihren Gesichtsschutz stylen, wage ich an der Wirksamkeit dieser Maßnahme zu zweifeln: Etwa unter die Nase hochgeschoben, um in Ruhe dabei zu rauchen. Oder als Bartbinde unter's Kinn gezogen.

Nein, ich will diese Pandemie weder als esoterisches Erweckungserlebnis noch als Lifestyle-Event schönfärben. Ich will einfach nur, dass sie schnell vorbeigeht, ohne dabei noch allzu viele mitzureißen – gesundheitlich wie finanziell. Möge der Halbgesichtsfaltenrock bald ebenso Geschichte sein wird wie einst der monokini.

Abgesagt

Einst dachte ich, eine Einladung würde bedeuten, man wäre irgendwo zu Irgendwas eingeladen. Aber da glaubte ich auch noch, das Schlimmste dabei wäre der Nachsatz, man müsse „nur gute Laune" mitbringen. Heute trauere ich diesen Zeiten hinterher. Denn ob Geburtstagsfeier, Gartenfest, Einweihungsparty – sofort nach einer Zusage folgt der als Bitte verkleidete Auftrag „etwas Schönes für 's Büffet" mitzubringen. Aus schlechter Erfahrung weiß ich, dass gute Laune da nicht ausreicht. Man möge doch eben schnell ein glutenfreies Brot backen? Dazu ein paar Dips? Es existiere eine Doodle-Liste zum Eintragen, da könne man sehen, was die anderen mitbringen, damit es keine Doppelungen und für alle Unverträglichkeiten etwas gibt.

Man öffnet den Link zur Liste, auf der sich die anderen Teilnehmer bereits mit geschmacksexplosiven Köstlichkeiten übertreffen, als handele es sich um den Battle einer TV-Kochshow. Sorry – TeilnehmerINNEN, denn es sind mal wieder alles Frauen: Von Männern wird kein handgerührtes Baba Ganoush oder eine selbst gebeizte Biolachsseite gemeldet oder erwartet. Die kommen mit einem Sixpack Bier an und davon. Viele Gerichte sind automatisch besetzt, denn die Sabine bringt „wie immer" ihr Tiramisu mit und die Christiane ihr berühmtes Vitello Tonnato. „Du kannst das doch so toll" – damit kann man doch echt nur Frauen vor den Ofen locken. Nicht alles, was man toll kann, möchte man deshalb auch andauernd wie toll wiederholen müssen. Die Gesprächsthemen auf der Party sind dann auch: „Hallo, ich bin das Tabuleh. Was ist denn von dir?", „Ach, DU bist die mit den Chips?".

Es ist nicht Geiz. Ich bringe als Gastgeschenke gerne Blumen oder Bücher oder Champagner mit. Aber dann möchte ich mich einfach amüsieren, statt beschämt zu beobachten, wie mein Underdog- Büffetbeitrag als Mauerblümchen herumsteht und ich ihn heimlich selber aufessen muss, damit es nicht so auffällt.

Eine meiner besten Freundinnen ist die perfekte Gastgeberin. Egal, ob sie spontan ein paar Freundinnen einlädt oder ein großes Fest ausrichtet; egal, ob sie dafür mal viel oder mal wenig Geld hat – es gibt immer ein paar liebevoll hergerichtete Speisen, Bier, Wasser und guten Wein in toller Dekoration. Am schönsten ist es aber, dass man sich den ganzen Abend an ihrer Freude erfreut, ihre liebsten Menschen zu bewirten. Man muss nichts weiter tun, als sich wunderbar zu unterhalten, in doppelter Hinsicht. Es erfüllt mich mit Wehmut, dass aus diesem Glück des einfach Gasteindürfens eine weitere Organisationsarbeit in einem eh schon unter „Mental Load" ächzenden Alltag geworden ist. Ironischerweise wurde besagte Freundin als Dank zum Grillen eingeladen und am Morgen der Feier gebeten, ob sie auf dem Weg zur Party noch einen Grill kaufen und mitbringen könne. Obwohl sie mit dem Fahrrad unterwegs war. Sie war so verdattert, dass sie das tatsächlich gemacht hat. Und dann auch noch die Kleinkinder des Hauses bespaßt. Und abgewaschen. Und dann die Gastgeberin aus ihrem Freundeskreis entfernt.

Was ist aus dem guten alten „Let me entertain you" geworden? Ich freue mich über Einladungen, aber seid gewarnt: Ich bringe entweder einen Dip mit – oder gute Laune. Überlegt es euch.

Keine Chance für die Liebe

Schatz, ich kauf dir ein Schloss! Nie war es billiger als heute, König oder Königin der Herzen zu werden. Momentan gibt's das sogar bei Tchibo, für Symbolik-Begriffsstutzige als goldenes Herz mit Gravierstift im Set für 9,99 Euro. Und sie hängen überall herum: Bei meiner Alsterrunde kriege ich nicht nur wegen des allfrühjährlichen „Ich muss endlich mal wieder anfangen zu joggen" Schnappatmung. Sondern auch vor Wut, über deutlich mehr als sieben Brücken gehen zu müssen, um Aussicht auf ein schmiedeeisernes Geländer ohne daran wuchernde „Liebesschlösser" zu haben. Bei mir erregen diese nämlich gegenteilige Emotionen – ich hasse sie aus tiefstem Herzen.

Doch die Bachelorisierung der Romantik scheint breite Bevölkerungsschichten infiziert zu haben. Gerade jetzt im Frühling wuchern wild die entsprechenden Gefühle und müssen offensichtlich sofort hinter Schloss und Riegel gebracht werden. Anfangs dachte ich, die Täter wären erstverliebte Jugendliche. Welcher liebeserfahrene Erwachsene käme schon auf die Idee, eine Beziehung würde ewig haltbar, indem man einfach die Namen der Beteiligten auf ein eisernes Vorhängeschloss schreibt, es an einem Brückengeländer anbringt und paarweise die Schlüssel in das Gewässer darunter wirft, wo sie mit zig anderen vor sich hinrosten? Wo bleibt da die Liebe zur Natur?

Liebe Schrottwichtel! Quält bitte Augen und Psyche architekturliebender Schöngeister nicht mit euren „Schnuffel&Pupsi 4 ever"-gravierten Schlössern. Meinetwegen macht zu Hause, was ihr wollt, um euch eure Gefühle zu versichern – streut klischeerote Rosenblätter in Badewannen, trinkt Sekt aus Pumps, kettet eure Partner ans Bett, postet Herzchen auf Instagram – aber bleibt im Stadtbild unsichtbar. Ihr wollt euch öffentlich als Paar für immer und ewig outen? Dann habt die Eier und heiratet! Oder hängt euer scheiß Schloss privat an euren heimischen Kellerverschlag. Aber heute herrscht dieser schreckliche Drang, alles nach außen darstellen zu müssen, damit es sich wirklich wahr anfühlt.

Alte Liebe rostet vielleicht nicht, alte Schlösser aber schon. Und die zwangsbesetzten Metallgeländer gleich mit: Das der berühmten Pariser „Pont des Artes" in Paris ist bereits unter der Zentnerlast zerbrochen – wahrscheinlich wie die Liebe der meisten daran Verewigten. Wieso ist das Anbringen nicht längst verboten? Das eigenmächtige Entfernen, was eindeutig ästhetische Notwehr wäre, gilt rechtlich sogar als Diebstahl. Gerecht ist das nicht, denn die Freiheit der einen beginnt da, wo die Geschmacksfreiheit der Liebesschlossbesitzer endet. Und nein, Liebe darf nicht alles. Sobald Tchibo einen frauenhandlichen Winkelschleifer im Angebot haben sollte, ziehe ich los. Das Geheimnis der Liebe ist sicher schwerer zu knacken als so ein Schloss.

Doch, ich bin total romantisch. Aber käme mir einer mit einem Schloss als Krönung unserer Liebesgeschichte, wäre das The End. Das Herz ist schließlich kein Schließmuskel.

Rücksicht, los!

Seit meine Freundin neue Nachbarn hat, ist auf ihrer Etage permanent Flohmarkt. Zumindest dachte ich das, als ich mich zum ersten Mal durch das Sammelsurium aus abgetragenen Schuhen, mitgenommenen Büchern „zum Mitnehmen!", einem hölzernen, blutrot bemalten Schutzengel, zwei Topfpflanzen zwischen Leben und Tod, einem Regenschirm in Sonnenschirmgröße und einer Kinderkarre zu ihrer Wohnungstür durchkämpfte. „Ja!", sagte sie bei meinem Blick düster, „ich hoffte auch, das wäre vorübergehend. Und ich will ja keine Spießerin sein, aber ..."

Ich ergänzte: „... das macht man einfach nicht!"

Was habe ich ihn früher gehasst, diesen kleinen Satz. Mit „Das macht man nicht" stellten einen Eltern und kinderlose Hobbypädagogen ruhig, die nicht genug Autorität hatten „Lass das sofort, das nervt mich und andere" zu sagen und den daraus resultierenden Konflikt auszufechten. Wer diese unsichtbare, aber hochempörte „man"schaft sein sollte, wurde nie benannt, doch der kategorische Imperativ zog. Damals gab es allerdings tatsächlich noch einen breiten Konsens, wie sich ein gutes Mitglied der Gesellschaft verhalten sollte – höflich und rücksichtsvoll. Das wurde nahezu wegindividualisiert: Das macht man nicht, das sagt man heute nicht mehr. Aktuell wünschte ich, Schutz„man" würde wieder aktiv als Kollege des psychologischen Über-Ichs: Das Über-man als innere Kontrollinstanz könnte Leute davon abhalten, in eng bebauten Wohngebieten bis sommernachts um 4 auf ihrem Balkon besoffen Ballermannlieder mitzugrölen, weil sie nicht zum Ballermann dürfen.

Dabei schien Zusammenhalt machbar, Herr Nachbar – im ersten Lockdown. Das Beste an der Situation war die gegenseitige Rücksichtnahme zugunsten eines gemeinsamen Ziels. War das der soziale Silberstreifen am Horizont? Würde die Gesellschaft nach ihrer Denkpause geläutert aus ihrem Hausarrest auftauchen?

Es war ein moralischer Fortschritt, doch nun zwei zurück. Nach der Phase von Ohnmacht, Verboten und erzwungener Passivität agieren ansteckend viele als Supermacht, die immer zuerst kommt. Man scheint abzuwarten, ob die Welt nicht doch noch untergeht, ehe umsonst Anstrengung in gutes Benehmen investiert wird. Bis dahin wird sich hemmungslos ausgebreitet, gedrängelt, gepöbelt, als hätte man gezwungenermaßen eine Überdosis Rücksicht auf seine Mitmenschen nehmen müssen und könnte den Kater jetzt nur mit einem Übermaß Egoismus kurieren. Die anderen, die „nicht mal kurz" unberechtigt auf Behindertenparkplätzen parken, sind einfach zu doof oder zu feige dafür. „Schlechtes Benehmen halten die Leute doch nur deswegen für eine Art Vorrecht, weil ihnen keiner aufs Maul haut", sagte schon Freiherr von Knigge – ach nein, es war Klaus Kinski. Vielleicht war der gar nicht so verrückt.

Könnten wir uns bitte auf den kleinsten moralischen Konsens einigen, dass „man" einfach kein Arschloch sein sollte – und Kant-ig die Freiheit des einen an der Freiheit des Nächsten endet? „Ruf' doch die Hausverwaltung an und lass die den Krempel im Flur beseitigen", sage ich. „Ja, aber...das macht man eigentlich auch nicht", sagt sie. Ratlos schauen wir uns an.

Alter!

Neulich bummelte ich händchenhaltend mit meinem Liebsten über den Wochenmarkt. Dabei trafen wir zufällig einen alten Kollegen von mir. Ich stellte meinen Begleiter vor, wir plauderten ein wenig und tauschten beim Abschied unsere Handynummern. Noch am gleichen Tag bekam ich eine Whatsapp-Nachricht von ihm: „War toll, Dich zu sehen! Jetzt mal ehrlich, hältst du den Kerl aus?" Ich war verblüfft. „Hä? Ja, ich halte den sehr gut aus und er mich anscheinend auch. Schon seit fast fünf Jahren" textete ich zurück. Die Antwort plingte prompt: „Komm, du weißt, wie ich das meine (zwinkersmiley) So ein hübscher Junge. Der scheint sogar jünger als du?".

Wow, vielen Dank. Jedenfalls bin ich alt genug, um zu wissen, dass ich sowas echt nicht brauche. Ich befand spontan, dass dieser Kollege Vergangenheit bleiben sollte und löschte ihn umgehend wieder aus meinen Kontakten. Dieses Benehmen ist derart respektlos – mir, aber auch meinem Freund gegenüber, der weder Junge noch Boy-Toy ist, sondern ein derart erwachsener Mann, dass er als Erektionshilfe für sein Ego kein Püppchen an seiner Seite braucht.

Leider scheint diese Konstellation auch anno 2021 immer noch gesellschaftlich irritierend. Männer dagegen, falls sie genug Geld und Macht haben, dürfen lebenslang immer wieder das Nachfolgemodel ihrer ersten Gattin updaten, welches erst ihre Tochter oder später gar ihre Enkelin sein könnte. Denen zeugen sie bis zu ihrem Greisentod noch Kinder, wenn auch im Labor. Dafür gelten sie als tolle Kerle und der Altersunterschied wird romantisiert: Aaawww, wo die Liebe eben hinfällt! Hauptsache, die beiden sind glücklich miteinander. Aber Frauen, die zum Liebesglück einen Partner haben, der jünger ist als sie? Unmöglich! Vor allem andere Frauen hassen einen dafür. Vielleicht, weil sie nachts neben ihrem längst ungeliebten Sidekick die Frage quält: Wieso die, warum nicht ICH? Da Neid schwer zuzugeben ist, wird er mit überlegener Moral verkleidet und kommt als Aggression heraus: Heidi Klum heiratet einfach den sechzehn Jahre jüngeren Tom Kaulitz und zeigt Szenen ihrer Ehe auf Instagram? Ist ja widerlich, giftet es in den Kommentaren. Das französische Präsidentenpaar Macron? Die Alte und der kranke Typ mit Mutterkomplex! Madonna, die ihren sechzigsten Geburtstag in den Armen ihres jungen Tänzers feierte? Perverse Oma, kann die nicht in Würde altern?!

Gegen diese prominenten Beispiele sind wir total normal. Nein, er könnte nicht mein Sohn sein, es sei denn, ich hätte ihn geboren als ich sechs war. Unser Altersunterschied ist sogar perfekt, weil Frauen statistisch erwiesen acht Jahre länger leben als Männer und wir uns irgendwann zusammen auf die letzte Reise machen können. Ja, ich finde ihn auch sehr attraktiv. Ja, wir haben dankenswerterweise ein äußerst glückliches Sexualleben und uns ansonsten auch viel zu geben und zu sagen. Nein, das löst bei vielen Leuten, die Bekannte, aber keine Freunde sind, keine Freude aus. Nein, finanziell halte ich ihn nicht aus. Ja, das ist was Ernstes. Ist doch eigentlich ganz leicht – und für viele einfach zu schön, um wahr sein zu dürfen.

Trockenphase

Meine Kindheit verlebte ich im langen Schatten dunkelbrauner Schilfkolben, die in hohen irdenen Bodenvasen düster beieinanderstanden, als würden sie eine mörderische Verschwörung planen. Sie waren weder lebendig noch tot – gruselige Zombies aus der Pflanzenzwischenwelt. Ich hatte strikte Order, sie wegen Umfallgefahr weiträumig zu umgehen und das behielt ich auch nach meinem Auszug als Erwachsene nur zu gerne bei: NIE würde ich Trockenblumen in meinem Zuhause dulden! Auch die roten Rosen, die mir ein Freund als Klischee-Symbol seiner Liebe schenkte und deren Köpfe ich mumifiziert in einer Schachtel aufbewahrte, bekamen – wie er – kein Bleiberecht. Nein, ich wollte das blühende Leben. Ich liebe frische Sträuße in meiner Wohnung, sie sind ein ewig gültiger Jahreskalender. Die Blumenkinder von Mutter Natur wechseln termingerecht mit den Monaten, es ist kein Frühling ohne Tulpen, kein Sommer ohne Rosen, kein Herbst ohne Dahlien, kein Winter ohne Amaryllis. Sie leuchten in fantastischen Farben, sie duften, verändern sich und vergehen – sinnbildlich für den Lebenszyklus. Und plötzlich soll das nicht mehr nachhaltig genug sein?

Denn Trockenblumen florieren wieder. In jedem Laden, jeder Wohnung, auf jedem Interieur-Foto stechen sie mir ins Auge. Ich weiß ja nicht, wie groß der Pampasgras-Exportmarkt mittlerweile ist, aber nach dem, was allein in Hamburg herumsteht, müsste die Pampa mittlerweile nahezu grasfrei sein. Beim Anblick der allgegenwärtigen Puschelwedel will ich zum ersten Mal in meinem Leben

„Geh' doch nach Hause, wo du wohnst" schreien. Und mal ehrlich, wer bringt denn einen Trockenblumen-Strauß zu einer Einladung mit – um dann die nächsten Jahre bei jedem Besuch streng darauf zu achten, ob das Gesteck auch frisch entstaubt auf der Scandi-Anrichte steht? Das wäre doch wirklich nicht nötig gewesen.

Ich dachte ja, jeder Trend mit dem Wort „Trocken" davor wäre zum Glück Geschichte. Weil man es da einfach noch nicht besser wusste oder keine frischen Alternativen hatte; so wie man Trockenfrüchte nur notfalls isst, wenn kein frisches Obst erhältlich ist. Trockenbrot, Trockenfutter, Trockenfisch, Trockenfleisch? Igitt! Trocken-Shampoo fand ich schon immer ekelig, wenn man das große Privileg hat, in einem Land mit perfektem Trinkwasser aus dem Hahn zu leben und sich einfach die Haare waschen könnte. Ich fürchte ja, dieser Trend klimawandelt schon hart am Rande erwarteter Trockenzeiten, in denen man kein Wasser mehr für frische Blumen oder Haaransätze verschwenden darf. Oder sollte man sich jetzt für den nächsten Lockdown präventiv mit unverwelkbaren Sträußen eindecken? Das macht mir keine Freude, sondern Sorge. Wollte ich zwischen Mumien leben, wäre ich Archäologin geworden.

Übrigens brauchen die praktischen Trockenblumen unpraktischerweise ein trockenes Raumklima, was schnell für trockene Haut sorgt. Nein, hier gilt: Die oder ich! Das einzige, was noch schlimmer ist, sind Pflanzen aus Plastik und das einzig Trockene bei mir bleibt mein Humor.

Frauengold

Allgemein sind sich heutzutage wohl alle einig, dass Drogen schädlich sind. Lieber soll man achtsam seine körperlichen und geistigen Erschöpfungsgrenzen respektieren, gut essen und genug schlafen, statt einfach etwas einwerfen, um sich länger ausburnen zu können. Es sei denn, man ist eine Frau. Oder noch unausfallbarer – eine Mutter. Dann nämlich gilt Selbstfürsorge nicht mehr und Doping wird ein absolutes Muss.

In den so mittelguten alten 50ern, als Frauen sich im emotionalen Notfall nicht einfach eine Flasche Gin kaufen konnten, gab es dafür „Frauengold". Das sogenannte „Herz-Kreislauf-Tonikum" versprach dreißig Jahre lang „jugendlichen Schwung für Frauen, die mitten im Leben stehen: Nimm Frauengold und Du blühst auf!" sowie „Frauengold bringt Wohlbehagen, wohlgemerkt an allen Tagen". In der damaligen Werbung machten ein paar schnell geexte Becher Frauengold im Büro den großen Unterschied zwischen nüchterner Feindseligkeit und angesoffener Männerfreundlichkeit gegenüber dem Chauvi-Chef. Denn eigentlich bestand das Produkt – ähnlich wie Klosterfrau Melissengeist oder Doppelherz – aus hochprozentigem Alkohol mit ein paar Kräutern.

Heute darf man sich bei Überlastung nicht mal unter dem Deckmantel psychischer Gesundheitsvorsorge einen antrinken, man soll Mikronährstoffe einwerfen, um immer schön leistungsfähig zu bleiben. Die Firma Ortholmol etwa bewarb ihr Produkt in Coronazeiten ganz nah an der Realität der Kundinnen: LAGERKOLLER?

DOPPELBELASTUNG? FAMILIENWAHNSINN? ICH BIN BEREIT". Zuerst las ich „Ich bin breit", das würde auch eher zur Geschichte der Aufputschmittel für Frauen passen. Aber als Allheilmittel wird hier Orthomol vital f (wie feminin) angeboten, die Familien-Packung für 40 Euro. Vielleicht ist der Mann ja so großzügig und übernimmt zumindest die Kosten dafür? Denn wer käme auf die verrückte Idee, von ihm Entlastung durch gerechte Verteilung von Arbeit, Hausarbeit und Fürsorgearbeit zu fordern! Laut dem Ergebnis einer Studie, die das Wirtschafts- und Sozialwissenschaftliche Institut (WSI) der gewerkschaftsnahen Hans-Böckler-Stiftung veröffentlichte, ist längst erwiesen, dass die in der Coronakrise zusätzlich anfallende Betreuung von Kindern hauptsächlich von Frauen geleistet wird, auch wenn die ganze Familie zusammen einsitzt.

Ewig aktuell bleibt die gesellschaftliche Anspruchshaltung, dass Frauen nie leistungsunwillig, mürrisch, fordernd oder – Gott verhüte! – gar frech werden. Auch die Wick-Werbung bedient sich als ultimatives Druckmittel des entsetzlich enttäuschten Kindes, das seine völlig vergrippte Mutter, die sich bei ihm krankmelden will, nicht aus der Mutterpflicht entlässt. Fiebertraum hin oder her – das gibt sonst ein kindliches Trauma: „Mütter nehmen sich nicht frei. Mütter nehmen Wick Duo-Grippal!" Ja nee, ist klar.

Theoretisch wissen Frauen es heute besser mit der Achtsamkeit und der Selbstfürsorge. Praktisch kommen sie leider nur so selten dazu. Und machen sich zusätzlich selbst Druck, dass sie so wenig dazu kommen, Yoga zu machen. Ich bin es so müde.

Heirate mich (nicht)

Man kann heute auf etliche Arten Karriere machen, aber ehrlicherweise dauert das lebenslang und ist oft zäh. Spätestens ab Mitte 30 stoßen Frauen zudem wahrscheinlicher an die gläserne Decke, die ihren weiteren beruflichen Aufstieg verhindert, als mit Anfang zwanzig auf einen Prinzen, der ihr den gläsernen Schuh und – in Deutschland immer noch zu 75 Prozent – seinen Nachnamen überzieht, um sie als Grundlage eines künftigen Familienlebens mit nach Hause zu nehmen. „Der Heiratsmarkt bezahlt Frauen immer noch besser als der Arbeitsmarkt", bestätigt frustriert auch die Soziologin Jutta Almendinger, die seit 25 Jahren erforscht, was Frauen wollen.

Kein Wunder also, dass offensichtlich zunehmend die halbgute alte Tradition des „sich Hochschlafens" rehabilitiert und gehypt wird, die sich darauf konzentriert, den Bachelorette-Studiengang zum „wifey", also „Frauchen" eines finanziell potenten Mannes, abzuschließen. Der ist immerhin basisdemokratisch und höchstens durch mangelhafte Attraktivität oder Anpassungsfähigkeit zulassungsbeschränkt. Den Abschluss-Titel trägt die Mrs. dann stolz in Perlen gestickt auf dem Rücken einer Jeansjacke oder setzt ihn auf ihrem Instagram-Account gleich wie einen Doktor der Beziehungswissenschaft direkt unter ihren Namen. Die meisten wifeys bekommen bald nach der Heirat drei bis fünf Kinder, das gehört zur Job-Description ebenso wie ein fotoschönes Zuhause und ein in jeder Hinsicht zufriedener und befriedigter Mann, der dafür zahlt. Die Bilderbuchfamilie wird dann zusätzlich täglich als

Fortsetzungsgeschichte auf Instagram vermarktet, ob die Kleindarsteller wollen oder nicht.

Ob sich die Lebenslaufbahn als wifey allerdings langfristig lohnt, steht auf einem anderen Blatt. Leicht wird daraus eine Milchmädchenrechnung: Während auch hier Frauen die Sehnsucht nach einer bildschönen Hochzeit als Lebenstraum verkauft wird, sind sie in Deutschland mit seinem altertümlichen Ehegattensplitting als Steuerklassefrauen V selber arm dran. Bei Trennung führt die direkt in finanzielle Abhängigkeit und Minirente, erst recht als Alleinerziehende. Vorher aber werden sie im Job finanziell benachteiligt, weil sie doch einen Mann hätten, der für sie sorgen würde – verheiratete Männer dagegen werden in Status und Gehalt erhöht, da sie ja jetzt Frau und Kinder zu versorgen hätten.

Ich war verheiratet. Wer schon immer mal zurück in die 60er wollte, dem kann ich das empfehlen – ebenso wie einen Ehevertrag. Unromantisch? Die wenigsten wissen, dass eine Heirat bereits ein Vertrag ist, allerdings mit denkbar schlechten Konditionen. In Zeiten, wo fast jede zweite Ehe geschieden wird und man mit Unterhalt gar nicht erst rechnen kann, braucht eine Frau bessere Absicherungen, als sich kaum volljährig gegenseitig ewige Liebe und Treue zu versichern. Trotzdem wünschen sich noch 59 Prozent der jungen Frauen laut einer Studie anno 2020 eine Versorgerehe. Schauspielerin Whoopie Goldberg, 66, hat mittlerweile drei Ehen hinter sich. Sie sagte in einem Interview mit dem NY Times Magazine: „Ich bin allein viel glücklicher. Ich bin frei, mit jemandem so viel Zeit zu verbringen, wie ich mag, ohne mit ihm für immer zu leben oder zusammenleben zu müssen. Ich möchte niemanden in meinem Haus haben." Das nenne ich lebensweise.

Gestalttherapie

Frauen sind seit jeher in der Kunst nicht zu übersehen. Allerdings selten als Schöpferinnen, Freigeister, Selbstdarstellerinnen – sondern hauptsächlich als Inspiration für männliche Künstler. In Museen werden sie als Musen ausgestellt, die einer Vision Form, einem Gefühl Gestalt, einer Idee Gesicht gaben. Das Weibsbild wird erst durch eine männliche Vision verfeinert, verschönert, verbessert. Das war bei Pygmalion so, bei „My Fair Lady" und … bei uns, der Social-Media-Gesellschaft.

Ja, Frauen bekommen für ihre Selbstdarstellung im digitalen Fotoalbum meistens mehr Aufmerksamkeit – aber auch permanente Kritik, dass sie irgendwelche idealisierten Vorstellungen Wildfremder enttäuschen. Oft kommt die als vergiftete Komplimente: „Hast du noch mehr abgenommen, so viel Make-up hast du doch gar nicht nötig, warum guckst du denn so traurig, die Shorts stehen dir aber gar nicht, die Haare sind aber zu kurz"… Eine sehr attraktive Moderatorin, die ein Urlaubsselfie postete, auf dem sie glücklich strahlte, bekam darauf von mindestens fünf Männern ein Ungenügend als Bewertung: „Na, da hast du aber einige Corona-Kilos draufgepackt, was?" Nein, Mann möchte sich sein Idealbild von einer öffentlichen Person auf keinen Fall von Schwankungen in Gewicht, Gesicht oder der Stimmung kaputt machen lassen. Sie kommentierte darauf sogar: „Klar, Du etwa nicht?". Respekt für so viel Coolness!

Mann könnte das ja einfach übergehen, übersehen, schlimmstenfalls entfolgen. Aber nein, da wird gemäkelt und reklamiert. Die Frau ist eben nur künstlerisches Material, nicht Künstlerin. Nicht sich und ihr Leben selber gestaltend, sondern eine Gestalt, in die der Mann seine Ideale, Phantasien, Ängste hineinprojizieren kann. „Entitlement", also Anspruchshaltung, heißt das neue Buch von Rebecca Solnit, der US-Autorin, die das Wort „mansplaining" erfand. Gültig sind ihre Erkenntnisse global: Männer haben das tiefe Gefühl, dass ihnen Dinge qua Geburt einfach zustehen und Frauen ihnen ihre Qualitäten schulden – Liebe, Bewunderung, Sex, Kinder, Essen. Und natürlich auch ihre Kreativität, die dazu da ist, die Schaffenskraft ihres Partners zu verstärken. Rodin und Camille Claudel anyone?

Künstlerinnen, die Deutungshoheit über ihr Leben und ihr Werk beanspruchen, werden verteufelt wie Marina Abramovic, verachtet oder lächerlich gemacht. Das geht auf allen Gebieten so weiter: Männer machen Kunst – Frauen eher Kunstgewerbe. Schreiben Männer Bücher über ihr Leben, ist das Literatur – bei Autorinnen ist es Tagebuchschreiben zur therapeutischen Selbsterfahrung; bestenfalls ein persönliches „Memoir", aber nichts gesellschaftlich Allgemeingültiges, was außer ein paar anderen Frauen jemanden ernsthaft interessieren könnte. Selbstdarstellung und die persönliche Entwicklungsgeschichte in Form von Selbstportraits – ob nun in Öl, in Worten oder als Selfie auf Instagram – ist bei Männern mutiges Sich-Sichtbarmachen. Frauen wird dagegen Eitelkeit unterstellt. Die Frau ist im Bilde, das der Mann sich von ihr macht oder malt oder zeichnet – aus dem Rahmen fallen soll sie dabei nicht. Dabei nicht verrückt zu werden ist auch eine Kunst.

Letzte Bestellung!

Laut der katastrophalen Kalenderführung der alten Maya hätte die Welt ja eigentlich am 12.12.2012 untergehen sollen. Zum Glück haben sie den Termin dann doch irgendwie verpennt, vielleicht durch einen galaktischen Kater. Ab da hätte doch nun alles gut sein können. Aber irgendwie habe ich das Gefühl, als würde die Welt sich seitdem nicht munter weiterdrehen, sondern passiv aggressiv immer weiter durchdrehen.

Mitte 2016 dachte ich ja, das denkbar schlimmste Jahr wäre definitiv erreicht. Ich schrieb darüber folgende Kolumne:

Jahresabschluss

Neujahr ist immer der Beginn einer Beziehung mit einem Unbekannten – große Hoffnungen und Erwartungen inklusive. Im Laufe der Zeit lernt man sich besser kennen, erlebt vieles zusammen und trennt sich Silvester darauf mit liebevollem Bedauern. Aber ich mache jetzt schon Schluss mit dir, 2016! Auszeit! Ich habe nämlich genug wegen dir geweint. Erst hatte ich noch gedacht, du wärst nur etwas exzentrisch. Aber nachdem du Serienkiller etliche meiner Helden wie Alan Rickman, David Bowie und als Krönung auch noch Prince umgebracht hast, da wusste ich, dass du vor nichts zurückschreckst. Im chinesischen Horoskop magst du ja das „Jahr des Affen" sein, für mich bist du aber schon jetzt das „Jahr des Arschlochs". Spätestens seit Brexit, Nizza, Axt-Attacke rechne ich täglich mit allem, nur nicht mit dem Guten: Es fällt auseinander, was eigentlich zusammengehört.

Es gab eine Zeit nach dem Berliner Mauerfall, da hielt ich es für möglich, dass Menschen künftig überwiegend an Altersschwäche sterben könnten. Dass es immer friedlicher würde, da wir als klügste Spezies auf der Erde aus Kriegen lernen würden, Medizin und Technik weiterentwickeln und Weltfrieden bald mehr als ein Running Gag wäre. Ich fühlte mich sicher genug, um Mutter zu werden, weil diese Welt, „in die man keine Kinder setzen wollte", sich zum Guten zu wandeln schien. Und nun, 2016? Überall Kriege, Flucht, Armut, Ungerechtigkeit, Rassismus, Attentate, Amokläufe, Grausamkeit, Dummheit, Waffenhandel, atomare Bedrohung, Umweltkatastrophen. Give peace a chance! Ich will nicht mehr das Licht in der Dunkelheit sein, ich will, dass es hell wird. Meine Seele soll nicht mehr nachsitzen mit immer neuen „Lernaufgaben", um mein Karma-Zeugnis aufzupolieren. Ich will meine Sorgen von früher zurück – ob mein Körper zum Sommer strandschön genug ist, wie die Zeugnisse meiner Kinder ausfallen, ob der Apfel im Supermarkt auch wirklich bio ist.

Gib jedem Tag die Chance, der schönste deines Lebens zu werden? Nee, ich habe mich in unserer Beziehung genug bemüht, 2016. Es liegt nicht an mir, es liegt an dir: Du bist der apokalyptische Herrenreiter. Du bist die Abrissbirne, das Annus horribilis, der irre grinsende Joker im Jahrbuch.

Du bist wie ein unorigineller, brutaler Blockbuster, den man scheiße findet, aber weiterschaut, weil man hofft, dass er doch noch happyenden wird. Wenn es nach mir ginge, würde ich direkt auf 2017 skippen. Oder du reißt dich jetzt noch mal richtig zusammen: Es ist aus der Psychologie bekannt, dass man schmerzhafte Erlebnisse weniger schlimm in Erinnerung behält, wenn zum Schluss noch etwas Schönes folgt. Ich will erleben, wie The Donald mit Pauken und Trumpeten untergeht. Will erleben, dass Konzerne wie Monsanto pleitegehen, dass „Nein" auch wirklich N E I N bedeutet und dass mir jemand morgens Kaffee ans Bett bringt.

2016, jetzt hast du noch die Chance zur Typveränderung. Dass wundersamerweise das Ozonloch wieder zuwächst, ist schon mal ein guter Anfang. Weiter so!

Aber da wusste ich noch nichts von 2020 – dem letzten Jahr, dem ich an Silvester leichtherzig einen Vertrauensvorschuss gegeben hatte. Dem Jahr, das mir das Schlafen abgewöhnte und das Träumen gleich dazu. Wie kann das alles sein? Welch irrer Amateur schreibt da oben das Drehbuch? Wer hat sich einen Planer für 2021 gekauft, ohne dabei kurz zynisch zu lachen?

Ich denke, kaum jemand hat sich 2016 auf die Frage eines Personalers: „Und wo sehen Sie sich in vier Jahren?" vorausschauend geantwortet „Im Corona-Lockdown! In Kurzarbeit! In Selbstquarantäne!". Denn zum Glück war die Pandemie und alles, was daraus folgte, unvorstellbar. Sogar für mich. Obwohl ich selber erstaunt bin, wie aktuell – leider – Kolumnen sind, die ich vor Jahren geschrieben habe: Etwa zur zunehmenden Spaltung der Gesellschaft durch extreme Meinungen, Fake-News oder Sexismus.

Herrgott, ich warte auch latent seit Jahren darauf, dass du mein Fleißkärtchen abstempelst und mir die Erlaubnis erteilst, mich vom permanenten Die-Welt-scharf-im-Auge-Behalten und Orakeln auszuruhen. „Danke, Karina! Penn deinen Pessimismus mal so richtig aus, wir übernehmen hier solange, machen alles wieder gut und wischen anschließend noch gründlich durch." Aber noch ist es nicht so weit. Noch scheinst du der Einzige zu sein, der pennt.

Vergesst also den großen Plan. Macht kleine Pläne oder auch mal keine. Macht es euch gemütlich, da, wo ihr seid und möglichst nur mit Menschen, die ihr nicht kaum erwarten könnt zu verlassen. Werdet euch klar, mit wem ihr die nächste Pandemie, Pressekonferenz der Bundesregierung oder Zombie-Apokalypse zusammen durchstehen wollt. Immerhin funktionierte 2020 beziehungstechnisch als Entscheidungshilfe: Sehr viele Leute sind nach dem ersten Lockdown als Erstes zum Scheidungsanwalt gegangen – überwiegend Frauen. Keine Überraschung, höchstens für den Partner, der sich seit Jahren wenig partnerschaftlich verhalten hat, was sich beim gemeinsamen Hausarrest rund um die Uhr nicht mehr unter den Teppich kehren ließ.

Wenn ich aus der letzten Zeit nur irgendetwas gelernt habe, dann nicht darauf zu warten, dass die Zeiten besser werden, um eine gute Zeit zu haben. Man weiß nie, wie viel Wartezeit auf gute Zeiten man noch haben wird, egal, wie alt man ist. Insofern: Setzt nicht immer auf nächstes Jahr. Wartet nicht auf das perfekte Leben im Konjunktiv, das kommen wird, WENN man erst einmal … zehn Kilo weniger und Zehntausende Euro mehr wiegt, WENN man doch noch jünger wäre oder erst einmal alt genug für die Rente … WENN die Sterne günstig stehen und die Winde günstig wehen. Wartet nicht auf die perfekte Welle, um dann trotzdem vom Surfbrett zu fallen. Macht euch eine gute Zeit, wann immer es möglich ist.

Bleibt wütend, bleibt gesund, bleibt trotz allem idealistisch: Wenn wirklich ALLES möglich ist, dann kann es ja auch mal etwas überraschend Gutes sein. Sagt zu den richtigen Sachen aus vollem Herzen JA und zu allen anderen ohne weitere Rechtfertigung NEIN. Die Zeit ist zu kostbar. Liebt euer Leben, bis dass der Tod euch scheidet. Und ruht euch aus: Ich behalte die Welt so lange weiterhin scharf im Auge und schreibe euch sofort, wenn 's was zum Aufregen gibt.